U0846057

国家教师资格考试

21 天通关

教育知识与能力·中学

山香教师资格考试命题研究中心　主编

首都师范大学出版社
CAPITAL NORMAL UNIVERSITY PRESS

图书在版编目(CIP)数据

国家教师资格考试·21天通关.教育知识与能力.中学/山香教师资格考试命题研究中心主编.—北京:首都师范大学出版社,2018.4

ISBN 978-7-5656-4317-0

Ⅰ.①国… Ⅱ.①山… Ⅲ.①中学教师—教学能力—资格考试—自学参考资料 Ⅳ.①G451.1

中国版本图书馆CIP数据核字(2018)第065784号

国家教师资格考试21天通关

JIAOYU ZHISHI YU NENGLI ZHONGXUE

教育知识与能力·中学

山香教师资格考试命题研究中心　主编

策划编辑　张文强

责任编辑　李　梅　王慕飞　　　　封面设计　山香教育

首都师范大学出版社出版发行

地　　址　北京市西三环北路105号

邮　　编　100048

咨询电话　010-68418523(总编室)　　010-68982468(发行部)

网　　址　http://cnupn.cnu.edu.cn

印　　刷　河南黎阳印务有限公司

经　　销　全国新华书店

版　　次　2018年7月第1版

印　　次　2018年7月第1次印刷

开　　本　889mm×1194mm　1/16

印　　张　13.5

字　　数　360千

定　　价　36.00元

序言

适合的，就是最好的

——教师资格考试指南

一、国家教师资格考试时间安排

按照教育部有关部门的安排，全国每年分上下半年分别组织两次考试，上半年笔试考试时间为 3 月中旬，下半年为 11 月上旬。面试一般在每年的 5 月和次年的 1 月各举行一次。具体时间考生可登录各省（市、自治区）教育部门网站当年最新公告或者中小学教师资格考试网（http：//www. ntce. cn ）查询。

二、国家教师资格考试科目

<table>
<tr><th rowspan="2" colspan="2">类别</th><th colspan="3">笔试科目</th><th rowspan="2">面试</th></tr>
<tr><th>科目一</th><th>科目二</th><th>科目三</th></tr>
<tr><td colspan="2">幼儿园</td><td>综合素质</td><td>保教知识与能力</td><td>—</td><td>教育教学实践能力</td></tr>
<tr><td colspan="2">小学</td><td>综合素质</td><td>教育教学知识与能力</td><td>—</td><td>教育教学实践能力</td></tr>
<tr><td colspan="2">初级中学</td><td rowspan="5">综合素质</td><td rowspan="5">教育知识与能力</td><td>学科知识与教学能力</td><td>教育教学实践能力</td></tr>
<tr><td colspan="2">高级中学</td><td rowspan="2">学科知识与教学能力</td><td>教育教学实践能力</td></tr>
<tr><td rowspan="2">中职</td><td>文化课教师</td><td>（试点省自行组织）</td></tr>
<tr><td>专业课教师</td><td>（试点省自行组织）</td><td>（试点省自行组织）</td></tr>
<tr><td colspan="2">中职实习指导教师</td><td>（试点省自行组织）</td><td>（试点省自行组织）</td></tr>
</table>

注意：1. 初级中学学科知识与教学能力科目为：语文、数学、英语、物理、化学、生物、思想品德、历史、地理、音乐、体育与健康、美术、信息技术、历史与社会、科学等学科。

2. 高级中学、中等职业学校文化课的学科知识与教学能力科目为：语文、数学、英语、物理、化学、生物、思想政治、历史、地理、音乐、体育与健康、美术、信息技术、通用技术等学科。

3. 幼儿园面试不分科目；小学面试科目分语文、数学、英语、社会、科学、音乐、体育、美术、心理健康教育、信息技术、小学全科；中学面试科目与科目三相一致，又增设心理健康教育、日语、俄语。

考生需要注意的是："～～～～"表示重要语句；"★"表示了解或熟悉，"★★"表示分析、理解或掌握，"★★★"表示运用。

由于时间和水平有限，本书难免存在一些缺点和错误，敬请广大考生批评、指正。最后，预祝所有考生都能顺利过关！

内容特点与使用说明

今日目标

1. 理解并掌握教育的属性。
2. 掌握教育的起源、基本形态及发展历程。
3. 理解教育学概念。
4. 掌握教育学的发展概况。

明确任务 掌握重点

经验总结 方便备考

温馨提示

基础教育课程改革的内容是重要知识点，也是历年常考点，常以单项选择题的形式进行考查，考生需准确掌握。

巧学妙记

学习迁移理论多，形成训练沃尔夫，共同要素桑代克，经验类化有贯德，关系转化格式塔，认知结构奥苏伯尔。

趣味解读 高效记忆

经典真题 巩固要点

真题检测

真题 1 【2018 上半年】单项选择：学校课程祁

所取得的经验和科学认识的课程是（ ）

A. 学科课程　　B. 经验课程

真题 2 【2018 上半年】简答：简述教材编写的

真题 3 【2017 下半年】单项选择：在一定课祁

纲要形式编制的关于教学科目内容、教学实施建

是（ ）

CONTENTS

目录

CONTENTS

CONTENTS

CONTENTS

第 8 天

第 9 天

第 10 天

CONTENTS

第 11 天

第 12 天

CONTENTS

CONTENTS

第二阶段　整合提升

第 17 天

第 18 天

第 19 天

第 20 天

第 21 天

命题规律总结及答题技巧

一、近三年命题规律总结

（一）试卷结构

模块	比例	题型
教育基础知识和基本原理 中学教学 中学生学习心理 中学德育	68%	单项选择题 辨析题 材料分析题
中学课程 中学生发展心理 中学生心理辅导 中学班级管理与教师心理	32%	单项选择题 简答题 材料分析题
合计	100%	单项选择题：约 30% 非选择题：约 70%

（二）考情分析

《教育知识与能力》是中学学段教师资格统考科目二的考试科目，主要考查申请教师资格人员所具备的教育学、心理学的基本理论知识、教育教学的能力和教育管理的素养，题目主要考查考生对相关理论知识的掌握及运用教育理论知识解决实际问题的能力。

《教育知识与能力》考试内容包括教育基础知识和基本原理、中学课程、中学教学、中学生学习心理、中学生发展心理、中学生心理辅导、中学德育、中学班级管理与教师心理八个模块。

从近年试点省份教师资格教育知识与能力（中学）真题来看，考试类型基本稳定，分为单项选择题、辨析题、简答题、材料分析题四种题型，考试时间为 120 分钟，满分 150 分。题型、每题分值、题量具体分布情况如下：

题型	每题分值	题量	总分
单项选择题	2 分	21 小题	42 分
辨析题	8 分	4 小题	32 分
简答题	10 分	4 小题	40 分
材料分析题	18 分	2 小题	36 分

二、题型分析与答题技巧

(一)单项选择题

1. 题型分析

单项选择题在考查的八个模块中都有所涉及，考试覆盖范围比较广，在历年真题试卷中，单项选择题题量基本稳定在 21 道，所占分值为 42 分，约占总分值的 28%。

2. 答题技巧

单项选择题的解题方法，最常用的就是“排除法(包括排谬、排对、排异、排重)”“优选法”“比较分析法”等。

“排谬法”就是把明显错误的选项排除(如题干要求选错的，就把正确的排除)；“排对法”就是把选项中一致、互相重复或能互相推出，选其一必能多选的成对选项排除；“排异法”是把与题意无关的选项排除；“排重法”是把与题干重复的排除。剩下的选项再用“优选法”把明显符合题意的选出，一般不会有多大问题。所谓“最符合题意”，主要是针对“正确”选项中的“最佳”选择而言的。

(二)辨析题

1. 题型分析

辨析题考查的内容主要集中在教育基础知识和基本原理、中学课程、中学教学、中学生学习心理、中学生发展心理、中学德育、中学班级管理与教师心理等章节中。在历年真题试卷中，辨析题题量稳定在 4 道，分值 32 分，约占总分值的 21%。

2. 答题技巧

解答辨析题时，应注意辨析题由“辨”和“析”两部分组成，它的特点是有辨有析，辨析结合。辨是辨别判断，析是对判断的说明。

答题技巧可以概括为“一辨、二析、三小结”，具体方法是：

（1）对观点进行辨别。在答题过程中，一般来讲判断会出现三种可能：正确、错误或片面。但是，资格证考试中大部分考题只是让我们判断正误，相对来说比较简单。

（2）要说明理由。说明理由是有条理地加以阐述并力求做到全面具体。如果题中观点正确，则用所学知识分析为什么正确；如果题中观点错误，则先提出正确观点，再分析自己的观点为什么正确，并说明错误观点错误的原因等。

（3）总结。这一步容易被忽视，要对自己的观点进行总结，最后将答案进行整合。

（三）简答题

1. 题型分析

简答题主要用来考查考生对基本概念、基本原理等知识的记忆和理解。简答题所考查的知识点比较系统、综合性强、分值高、区分度大，考生需重点把握。

简答题设计灵活，角度多变，源于教材、高于教材。简答题主要有以下几种类型：直接类简答题、意义类简答题及措施类简答题。简答题的考点主要集中在中学课程、中学教学、中学生学习心理、中学生发展心理、中学德育、中学班级管理与教师心理等内容中。在历年真题试卷中，简答题题量稳定在4道，所占分值为40分，约占总分值的27%。

2. 答题技巧

（1）对已有的科学事实和观点做出肯定，阐明其具体表现，这是简答题中比较好解决的一类问题。在回答中，只要说明“是怎样”，就可以了。

（2）比较难的一种问题，突出实践过程，强调具体方法，回答“应当怎样”。对这类问题，要注意操作的程序性，否则，回答就可能出现错误。

（3）最多的一类问题，要求阐明原因，回答“为什么”。对这类问题，关键是把道理讲清楚，看你的论据是否全面。

（4）还有一种特殊问题，对两个容易混淆的概念或观点，要求界定，加以区别。回答这类问题，语言必须简洁，直接点出差异所在，就达到了题目的要求。有时，最好的办法和策略是叙述概念，自然就把差异说了出来，不必再写什么。

（5）在简答题中，最简单的是一些记忆性问题，不要求你解释，只要求你整体把握。一个问题，回答的要点多，是这类问题的特点。

（四）材料分析题

1. 题型分析

材料分析题是向考生提供一段背景资料，然后提出问题，在问题中要求考生阅读分析资料,依据一定的理论知识,或做出决策,或做出评价,或提出具体的解决问题的方法或意见等。材料分析题属于综合性较强的题目,考查的是高层次的认知目标。它不仅能考查考生了解知识的程度,而且能考查考生理解、运用知识的能力,更重要的是它能考查考生综合、分析、评价方面的能力。

材料分析题的考点主要集中在教育基础知识和基本原理、中学教学、中学生学习心理、中学生发展心理、中学德育等内容中。在历年真题试卷中,材料分析题一般是2道大题,所占分值为36分,约占总分值的24%。

2. 答题技巧

破解材料分析题的方法可归纳为"三知与四步"。

(1)"三知"就是:知情、知点、知规则。知情,即考生明白材料反映的问题;知点,就是考生明白考查的知识点;知规则,即考生明白如何利用知识点所反映出来的规则分析、解决该问题。考生只有确信自己理解了材料的内容是什么,知识点是什么,要考的问题是什么,才能正确找到解题的对策。

(2)"四步"就是破解分析题的四个具体步骤:看点、审题、找规则、答题。

①看点。就是看题干最后提出的问题,弄清考什么。②审题。审题可逐字逐句地阅读,也可同时画出关键词,即在与提问有关的词下面画线,标明人物、地点、时间、事件、发生、发展、结果等。对于较为复杂的材料,也可以提炼出一个简要的"案情"或"关系图",以帮助全面、准确地掌握材料重点,防止遗漏。审题,重在快速、全面、准确和理解。③找规则。考生在审题后应根据题干所提出的问题和给定的材料,思考所要考查的知识点,回忆有关教育理论的概念或原理。④答题。答题就是事实与教育理论的有机契合,是考生解决问题能力的体现。答题时可以:第一,明确观点;第二,理论+解释+材料分析;第三,总结观点,谈谈所得到的启示。

第一阶段 核心基础

第1天

今日目标

1. 理解并掌握教育的属性。
2. 掌握教育的起源、基本形态及发展历程。
3. 理解教育学概念。
4. 掌握教育学的发展概况。

专题一　教育的产生与发展

考点1 教育的含义、属性、构成要素及功能★★【常考题型：单选、辨析】

（一）教育的含义

教育是人类有目的地培养人的一种社会活动，是传承文化、传递生产与社会生活经验的一种途径。

广义的教育，指增进人的知识与技能、发展人的智力与体力、影响人的思想观念的活动。它包括社会教育、学校教育和家庭教育。

狭义的教育指学校教育，是教育者依据一定的社会要求，依据受教育者的身心发展规律，有目的、有计划、有组织地对受教育者施加影响，促使其朝着所期望的方向发展变化的活动。

温馨提示

"教育"一词的最早出处与最早对"教育"一词的解释容易混淆，考生可以从以下方面进行区分：

最早提出——孟子——《孟子·尽心上》

最早解释——许慎——《说文解字》

(二)教育的属性

1. 教育的本质属性

教育是一种有目的地培养人的社会活动,这是教育区别于其他事物现象的根本特征,是教育的本质属性。

2. 教育的社会属性

社会属性	内涵
永恒性	教育与人类社会共始终
历史性	不同时期有不同特点
继承性	不同时期有共同点
长期性	时间周期较长
生产性	教育从来就是生产性活动,有其自己的特殊性
民族性	每个民族都有其各自的特点
相对独立性	教育有其自身的规律,可以"超前"或"滞后"

温馨提示

教育的社会属性是重要知识点,也是历年常考知识点,一般以单项选择题的形式进行考查,考生需准确掌握。

(三)教育的构成要素

教育者、受教育者和教育媒介(教育影响)是构成教育活动的基本要素。

(1)教育者是教育活动的主导者,是构成教育活动的一个基本要素。

(2)受教育者是教育的对象及学习的主体,也是构成教育活动的基本要素。受教育者在接受思想、品德、知识、技能、行为以及智慧、性格等方面的影响时具有主观能动性。

(3)教育媒介包括教育内容、教育方法与组织形式和教育手段等,教育媒介是教育活动的中介。从内容上说,主要是教育内容、教育材料或教科书;从形式上说,主要是教育手段、教育方法和教育组织形式。

（四）教育的功能

分类依据	类型
教育功能作用的对象	个体发展功能
	社会发展功能
教育功能作用的方向	正向功能
	负向功能
教育功能作用呈现的形式	显性功能
	隐性功能

考点2 教育的起源、基本形态及发展历程★★

（一）教育的起源

教育起源说	代表人物	主要理论观点
神话起源说	宗教 中国朱熹	教育与其他万事万物一样，都是由人格化的神（上帝或天）所创造的
生物起源说	[法]利托尔诺 [英]沛西·能	人类教育起源于动物界中各类动物的生存本能活动，把教育的起源归为动物的本能行为，归为天生的、像动物本能那样原本具有的生物行为，教育过程即按生物学规律进行的本能过程，这就完全否认了人与动物的区别，即否认了教育的社会性
心理起源说	[美]孟禄	教育起源于日常生活中儿童对成人的无意识模仿
劳动起源说	[苏联]米丁斯基、凯洛夫等	教育起源于劳动，起源于劳动过程中社会生产需要和人的发展需要的辩证统一

巧学妙记

教育的生物起源说、心理起源说和劳动起源说及其代表人物的记忆可以采用以下小妙招：

本能生利西　美孟心模仿　米凯爱劳动

(二)教育的基本形态

教育的形态是指教育的组织形式,是人类思维对教育现象的一种科学归纳。

<table>
<tr><td rowspan="13">教育的基本形态</td><td rowspan="2">按教育的形式化程度分</td><td>非形式化教育</td></tr>
<tr><td>形式化教育</td></tr>
<tr><td rowspan="2">按教育的正规程度分</td><td>正规教育</td></tr>
<tr><td>非正规教育</td></tr>
<tr><td rowspan="3">按教育的实施机构不同分</td><td>家庭教育</td></tr>
<tr><td>学校教育</td></tr>
<tr><td>社会教育</td></tr>
<tr><td rowspan="3">—</td><td>农业社会的教育</td></tr>
<tr><td>工业社会的教育</td></tr>
<tr><td>信息社会的教育</td></tr>
<tr><td rowspan="3">—</td><td>原始社会的教育</td></tr>
<tr><td>古代社会的教育</td></tr>
<tr><td>近现代社会的教育</td></tr>
</table>

(三)教育的发展历程

1. 原始社会的教育

(1)教育具有非独立性,教育和社会生活、生产劳动紧密相连。

(2)教育具有自发性、全民性(普及性)、广泛性、无等级性(平等性)和无阶级性,是原始状态下的教育机会均等,只因年龄、性别和劳动分工不同而有差别。

(3)教育具有原始性。教育内容简单、教育方法单一。

2. 古代社会的教育

古代社会的教育一般指奴隶社会的教育和封建社会的教育,其特点有:阶级性、道统性、等级性、专制性、刻板性和象征性(教育的象征性功能占主导地位)。

国别	时期	主要内容
古代中国	夏、商(学校萌芽)	夏代,已有学校的设置,主要有两类:一类是“序”;一类是“校”。瞽宗是商代大学特有的名称。在商代,开始产生了专门从事教育工作的教师职业
	西周	(1)“学在官府”,又称之为“学术官守”。学校教育制度已发展得比较完备,并有了“国学”“乡学”之分 (2)“六艺”是西周各级各类学校教育的基本学科,具体指礼、乐、射、御、书、数。其中,礼乐教育是“六艺”教育的中心
	春秋战国	官学衰微,私学兴起。战国时期,养士之风大盛。各家各派都不同程度地开展教育活动,其中,儒墨两家的影响最大,成为当时的显学。稷下学宫是养士的一个缩影,其特点是学术自由
	两汉	(1)西汉时,汉武帝采纳董仲舒“罢黜百家,独尊儒术”的建议,实行思想专制的文教政策。元朔五年(公元前124年),经董仲舒建议,汉武帝设立太学,是当时最高的教育机构 (2)东汉灵帝时,设立鸿都门学(研究文学艺术的专门学校)。汉代地方官学通常称为郡国学或者郡县学,其发展起始于“文翁兴学”
	隋唐	(1)隋唐时期采取重振儒术,三教(儒、道、佛)并重的文教政策,在选士制度上采取科举制 (2)唐代从中央到地方形成了相当完备的官学教育体系,六学(国子学、太学、四门学、律学、书学、算学)二馆(崇文馆、弘文馆)组成了中央官学的主干
	宋、元、明、清	基本教材和科举考试的重要依据是四书五经(“四书”是《大学》《中庸》《论语》《孟子》的合称,“五经”是《诗》《书》《礼》《易》《春秋》的合称)。明代以后,八股文成为科考的固定形式

续表

国别	时期	主要内容
古代印度	—	(1)古代印度的教育与宗教联系在一起,分为婆罗门教育和佛教教育 (2)公元前9世纪以前,婆罗门教育以家庭教育为主,记诵《吠陀》经,僧侣是唯一的教师 (3)公元前3世纪,佛教教育随之发展起来,教育活动主要是背诵经典和钻研经义
古代埃及	—	古代埃及开设最多的是文士学校。"以僧为师""以吏(书)为师"成为古代埃及教育的一大特征
古代希腊	—	(1)古代希腊:斯巴达和雅典 (2)古代雅典在西方最早形成体育、德育、智育、美育和谐发展的教育,教育内容比较丰富,教育方法也比较灵活,教育目的是培养有文化、有修养和多种才能的政治家和商人 (3)古代斯巴达教育以军事体育训练和政治道德灌输为主,其教育目的是培养忠于统治阶级的强悍军人
中世纪的西欧	—	(1)教会教育:教育目的是培养教士和僧侣,教育内容是"七艺",包括"三科"(文法、修辞、辩证法)和"四学"(算术、几何、天文、音乐),而且各科都贯穿神学 (2)骑士教育:教育目的是培养封建骑士,教育内容是"骑士七技",即骑马、游泳、击剑、打猎、投枪、下棋、吟诗
文艺复兴时期的欧洲	—	人文主义教育即是以"人"为中心的教育,代表人物有意大利的维多利诺、尼德兰的埃拉斯莫斯(又译伊拉斯谟)、法国的拉伯雷和蒙田等人

巧学妙记

二:儒墨两家。三:宋代的三类学校——官学、私学和书院。四:《四书》。五:《五经》。六:六艺。七:七艺、骑士七技。八:八股文。

3. 近代社会的教育特点

(1)国家加强了对教育的重视和干预,公立教育崛起。

(2)初等义务教育的普遍实施。德国(当时的普鲁士)1763 年做出了普及义务教育的规定,是世界上最早普及义务教育的国家。

(3)教育的世俗化。

(4)教育的法制化。重视教育立法,依法治教。

4. 现代社会的教育

(1)现代教育的特点

总体上,现代教育呈现出了一些全新的特征:生产性、公共性、科学性、未来性、革命性、国际性、终身性。

(2)20 世纪后期教育改革和发展的特点

20世纪后期教育改革和发展的特点	教育的终身化	法国教育家保罗·朗格朗最早系统论述了终身教育。教育的终身化包括各个年龄阶段的各种方式的教育。把终身教育等同于成人教育或职业教育是片面的
	教育的全民化	全体国民都有接受教育的基本权利并必须接受一定程度的教育,通过各种方式满足基本的学习需求
	教育的民主化	对教育的等级化、特权化和专制性的否定
	教育的多元化	教育的多元化是对教育的单一性和统一性的否定,教育的多元化具体包括教育思想的多元化,培养目标、办学模式、教学内容、评价标准等的多元化,它是社会生活多元化以及人的个性化在教育上的反映。其特征有办学主体的多元化、教育功能的多元化、教育文化环境的多元化
	教育技术的现代化	包括教育设备、教育手段、教育方法等的现代化以及由此而引起的教育思想、观念的变化

专题二　教育学的产生与发展

考点 3 教育学的概念

教育学是研究教育现象和教育问题，揭示教育规律的一门科学。教育学的根本任务是揭示教育规律。

考点 4 教育学的发展概况★★【常考题型：单选】

教育学的发展，大体可以分成萌芽、独立形态、多元化、现代化四个阶段。

（一）教育学的萌芽阶段——中国孔子的教育思想和《学记》

1. 孔子的教育思想

孔子是中国古代伟大的教育家，他的教育思想主要体现在《论语》一书中。

孔子的教育思想	核心	“仁”和“礼”
	教育对象	主张“有教无类”
	教育内容	“子以四教：文、行、忠、信”。孔子的教学内容偏重社会人事与文事，轻视科技与生产劳动
	教学原则与方法	（1）启发诱导的原则。孔子曾说过：“不愤不启，不悱不发。举一隅不以三隅反，则不复也。”孔子是世界上最早提出启发式教学的教育家 （2）因材施教的原则 （3）学、思、行相结合的方法。“学而不思则罔，思而不学则殆。” （4）温故知新。“温故而知新，可以为师矣。”

2.《学记》

《学记》（收入《礼记》）是中国也是世界教育史上的第一部教育专著，成文大约在战国末期。

（1）教育的作用

“君子如欲化民成俗，其必由学乎！”“是故古之王者建国君民，教学为先。”

“玉不琢，不成器；人不学，不知道。”

（2）教育制度和学校管理

“古之教者，家有塾、党有庠、术有序、国有学。”

(3)教学原则

①教学相长。“是故学然后知不足,教然后知困。知不足,然后能自反也;知困,然后能自强也。故曰:教学相长也。”

②藏息相辅。《学记》指出:“大学之教也,时教必有正业,退息必有居学。”

③豫时孙摩。“豫”是预防,“禁于未发之谓豫”,要在不良倾向尚未发作前就采取预防措施;“时”是及时,“当其可之谓时”,要把握教学的最佳时机,适时进行;“孙”是指循序,“不陵节而施之谓孙”,教学要遵循一定的顺序进行;“摩”指观摩,“相观而善之谓摩”,学习中要相互观摩,取长补短。

④启发诱导。“君子之教,喻也。道而弗牵,强而弗抑,开而弗达。道而弗牵则和,强而弗抑则易,开而弗达则思。和易以思,可谓善喻矣。”主张开导学生,但不要牵着学生走;对学生提出较高的要求,但不能使学生灰心。

⑤长善救失。这种观点指出了学生学习中的四种缺点:贪多、狭窄、自满、畏难。

(4)论教师

尊师重道。“师严然后道尊,道尊然后民知敬学。”

(二)西方萌芽阶段的教育思想

代表人物	主要教育思想	代表作品
苏格拉底	苏格拉底以其雄辩和与青年智者的问答法著名。苏格拉底问答法亦称产婆术,分为三步:第一步称为苏格拉底讽刺,第二步称为定义,第三步称为助产术	—
柏拉图	教育与政治有着密切的联系,以培养未来的统治者为宗旨的教育乃是在现实世界中实现理想的正义国家的工具	《理想国》
亚里士多德	(1)亚里士多德是古希腊百科全书式的哲学家,认为追求理性就是追求美德,就是教育的最高目的 (2)在教育史上首次提出了“教育遵循自然”的观点,主张按照儿童心理发展的规律对儿童分阶段进行教育,提倡对儿童进行和谐的教育,成为后来全面发展教育的思想源泉	《政治学》

续表

代表人物	主要教育思想	代表作品
昆体良 （西方教育史上第一个专门论述教育问题的教育家）	已经对班级授课进行了一些阐述，这是班级授课制思想的萌芽	《雄辩术原理》 （《论演说家的教育》或《论演说家的培养》） （西方最早的教育著作，也被誉为古代西方的第一部教学法论著）

温馨提示

西方萌芽阶段的教育思想如苏格拉底、柏拉图、亚里士多德、昆体良等的教育思想是重要知识点，也是历年常考知识点，考生需准确掌握。

（三）教育学的独立形态阶段——教育学学科的建立

代表人物	代表著作	主要教育思想
夸美纽斯	《大教学论》	捷克教育家。《大教学论》是教育学开始形成一门独立学科的标志，该书被认为是近代第一本教育学著作 （1）“泛智”教育。夸美纽斯提出了普及教育的思想，他提出“把一切事物教给一切人类的全部艺术”“一切男女青年都应该进学校” （2）教育适应自然，不能违背自然规律 （3）提出并全面论述了班级授课制 （4）教学原则。夸美纽斯提出并论证了直观性、系统性、量力性、巩固性和自觉性等教学原则
卢梭	《爱弥儿》	（1）卢梭是坚定的“性善论”者 （2）自然教育理论是卢梭教育思想的主体 他认为教育的任务应该使儿童“归于自然”，这是其自然主义教育的核心

续表

代表人物	代表著作	主要教育思想
康德	《康德论教育》	(1)教育的根本就是要对人的本性进行适当的控制,“人是唯一需要教育的动物” (2)他认为自由是道德教育的最高目的,必要的“管束”和“训导”是实现自由的必要保证 (3)是最早在大学开设教育学讲座的有影响的学者之一
裴斯泰洛齐	《林哈德与葛笃德》	在西方教育史上,他是第一个明确提出“教育心理学化”口号的教育家
洛克	《教育漫话》	(1)洛克反对天赋观念,提出了“白板说” (2)绅士教育论。洛克认为,教育目的就是培养绅士,而这种培养只能通过家庭教育
斯宾塞	《教育论》	(1)19世纪英国著名的实证主义哲学家、社会学家、教育理论家 (2)教育代表作有《教育论》,由题为《智育》《德育》《体育》《什么知识最有价值》四篇论文汇集而成 (3)教育的目的是为未来“完满生活”做准备;他主张运用实证的方法来研究知识的价值,强调实用学科的重要性

(四)教育学的独立形态阶段——规范教育学的建立

代表人物	代表著作	主要教育思想
赫尔巴特(德国著名的心理学家和教育学家,被认为是“现代教育学之父”或“科学教育学的奠基人”)	《普通教育学》(1806年)——标志着规范教育学的建立	(1)教育性教学原则:没有任何无教学的教育,也没有任何无教育的教学 (2)两个基础:以伦理学和心理学作为教育学的理论基础 (3)三个中心(旧“三中心”):“课堂中心”“教材中心”“教师中心” (4)四个阶段:关于教学的过程,赫尔巴特提出了明了、联合(联想)、系统、方法四个阶段

续表

代表人物	代表著作	主要教育思想
杜威 (美国教育家，实用主义哲学创始人、现代教育派代表人物)	《民主主义与教育》(又译《民本主义与教育》)	(1)“新三中心”论：“儿童中心(学生中心)”“活动中心”“经验中心” (2)教育的本质：教育即生活，教育即生长，教育即经验的改组或改造，“学校即社会” (3)教育的目的：“教育无目的论” (4)教学方法：“从做中学”

巧学妙记

赫尔普通教育学，传统教育学代表，教学具有教育性，教育学教授纲要。实用主义属杜威，儿童中心主义论，教育无目的杜威，现代教育代言人。

(五)20世纪教育学的多元化发展

代表人物	代表著作	主要贡献
杨贤江 (以李浩吾为化名)	《新教育大纲》	这是我国第一部马克思主义的教育学著作
凯洛夫	《教育学》	该书被公认为世界上第一部马克思主义的教育学著作，并对我国建国后乃至现在的教育都产生了很大的影响

(六)中国近现代教育思想

代表人物	主要教育思想
蔡元培 (毛泽东评价他为“学界泰斗，人世楷模”)	(1)“五育并举”的教育方针 (2)改革北京大学的教育实践 (3)教育独立思想
黄炎培 (我国著名的教育家和爱国主义者)	提出“使无业者有业，使有业者乐业”；他主张手脑并用，做学合一，理论与实际并行；重视职业道德教育

续表

代表人物	主要教育思想
晏阳初 （平民教育家、乡村改造运动的倡导者与实践家，被誉为“国际平民教育之父”）	提出了“四大教育”“三大方式”
梁漱溟	乡村教育与乡村建设在实际上是合二为一的
陶行知	“生活即教育”“社会即学校”“教学做合一”

（七）当代教育学理论的新发展

1. 布鲁纳

美国教育家布鲁纳在《教育过程》中提出“结构教学论”，内容包括以下几点：

（1）强调“无论我们选教何种学科，务必使学生理解该学科的基本结构”。

（2）提出认知—结构学习论。

（3）倡导发现法，主张培养学生的科学探索精神、科学兴趣和创造能力。

2. 皮亚杰

皮亚杰是瑞士心理学家，其代表作有《教育科学与儿童心理学》。皮亚杰认为教学的主要目的是发展学生的智力。他认为影响儿童思维发展的主要因素是成熟、自然经验、社会经验和平衡。

真题检测

真题 1 【2018 上半年】**辨析**：教育具有历史继承性。

真题 2 【2018 上半年】**单项选择**：人类历史上最早专门论述教育问题的著作是（　　）

A.《学记》　　B.《孟子》　　C.《论语》　　D.《中庸》

真题 3 【2017 下半年】**单项选择**：教育与人类社会共始终，为一切人一切社会所必需，是新生一代的成长和社会生活的延续与发展不可缺少的手段。这表明教育具有（　　）

A. 阶级性　　B. 历史性

C. 永恒性　　D. 平等性

真题 4 【2017 下半年】**单项选择**：提出“泛智”教育思想，探讨“把一切事物教给一切人类的全部艺术”的教育家是（　　）

A. 夸美纽斯　　B. 赫尔巴特

C. 赞科夫　　D. 布鲁纳

真题5 【2017 下半年】单项选择:法国启蒙思想家卢梭于1762年发表了小说体的教育名著,系统地阐述了他的自然主义教育思想。这部教育名著是(　　)

A.《理想国》　　B.《巨人传》

C.《教育论》　　D.《爱弥儿》

真题6 【2017 上半年】单项选择:明确提出"长善救失""教学相长""不陵节而施""藏息相辅"等重要教育思想的文献是(　　)

A.《论语》　　B.《学记》　　C.《孟子》　　D.《大学》

真题7 【2017 上半年】单项选择:古希腊哲学家苏格拉底创立了"产婆术",它体现的主要教学方法是(　　)

A. 讲授法　　B. 讨论法　　C. 谈话法　　D. 演示法

真题8 【2017 上半年】单项选择:在教育史上,重视实科教育,主张学生学习的自觉性,强调教育为"完满生活"做准备的教育家是(　　)

A. 夸美纽斯　　B. 赫尔巴特

C. 斯宾塞　　D. 杜威

真题9 【2016 下半年】单项选择:西方教育史上,提出"泛智"教育和普及初等教育的主张,并对班级授课制做出系统阐述的著作是(　　)

A. 柏拉图的《理想国》　　B. 昆体良的《论演说家的教育》

C. 夸美纽斯的《大教学论》　　D. 赫尔巴特的《教育学》

真题10 【2016 上半年】单项选择:在教学理论著述中,强调学科的基本结构要与儿童认知结构相适应,重视学生能力的培养,主张发现学习的专著是(　　)

A.《普通教育学》　　B.《大教学论》

C.《教育过程》　　D.《论教学过程最优化》

真题11 【2015 下半年】单项选择:教育的本质特点是(　　)

A. 影响人的身心发展　　B. 促进社会发展

C. 有目的地培养人　　D. 完善人的自身生产

真题12 【2015 上半年】单项选择:国外最早的教育学著作是(　　)

A.《理想国》　　B.《政治学原理》

C.《论雄辩家》　　D.《论演说家的教育》

参考答案及解析

1.【参考答案】(1)这种说法是正确的。(2)教育和其他社会现象一样,在其历史的发展过程中必然从各个方面吸收和利用以往历史阶段的教育成果和经验。教育的思想、制度、内容和方法等各个方面不仅反映着一定社会的生产力发展水平和政治、经济制度的要求,而且与教育发展的历史沿革有着渊源的关系,都带有自己发展历程中的烙印。这就是教育自身的历史继承性。

2. A【解析】《学记》是中国也是世界教育史上的第一部教育专著,成文大约在战国末期。《学记》从正反两方面总结了儒家的教育理论和经验,系统阐发了教育的作用和任务、学校制度、教育目的、教学原则、教师的地位和作用、师生关系等,比西方最早的教育著作——古罗马昆体良的《论演说家的教育》早300多年。

3. C【解析】题干的描述体现了教育的永恒性。

4. A【解析】略。

5. D【解析】卢梭认为教育的任务应该使儿童"归于自然",这是其自然主义教育的核心,其代表作是《爱弥儿》。

6. B【解析】略。

7. C【解析】苏格拉底以其雄辩和与青年智者的问答法著名。苏格拉底问答法亦称"产婆术"。

8. C【解析】斯宾塞认为教育的目的是为未来"完满生活"做准备;他是实用主义者,反对思辨,主张运用实证的方法来研究知识的价值,强调实用学科的重要性。

9. C【解析】略。

10. C【解析】美国教育家布鲁纳著有《教育过程》,强调学科的基本结构,提出结构教学论,倡导发现法,主张培养学生的科学探索精神、科学兴趣和创造能力。

11. C【解析】略。

12. D【解析】《论演说家的教育》是古罗马教学法大师昆体良的著作,是西方最早的教育著作,也被誉为古代西方的第一部教学法论著。

第2天

今日目标

1. 掌握教育与社会发展的相关内容。
2. 掌握教育与人的发展的相关内容。

专题　教育的基本规律

考点1　教育与社会发展★★★【常考题型：单选、辨析、简答】

（一）教育与人口

人口对教育的影响	教育对人口的影响（人口功能）
人口数量对教育发展的制约和影响	减少人口数量，控制人口增长
人口质量对教育发展的制约和影响	改善人口素质，提高人口质量
人口结构对教育的制约	使人口结构趋向合理化
—	有助于人口迁移

（二）教育与生产力

生产力对教育的决定作用	教育对生产力的促进作用（经济功能）
生产力的发展水平制约着教育发展的规模和速度	教育再生产劳动力：(1)教育使潜在的生产力转化为现实的生产力；(2)教育可以提高劳动力的质量和素质，使之获得一定劳动部门认可的技能和技巧，成为发达的和专门的劳动力；(3)教育可以改变劳动力的形态，把一个简单劳动力训练成一个复杂劳动力，把一个体力劳动者培养成一个脑力劳动者；(4)教育可以使劳动力得到全面发展，提高劳动转换能力，摆脱现代分工对每个人造成的片面性

续表

生产力对教育的决定作用	教育对生产力的促进作用(经济功能)
生产力的发展水平制约着教育结构的变化	教育再生产科学知识
生产力的发展水平制约着教育的内容、方法与手段	—
生产力的发展水平制约着学校的专业设置	—

温馨提示

生产力的发展水平对教育发展的影响和制约是易考知识点,此处常出客观题,考生需牢固掌握。

(三)教育与社会政治经济制度

社会政治经济制度对教育的制约作用	教育对社会政治经济制度的影响作用(政治功能)
社会政治经济制度决定教育的领导权	教育培养出社会政治经济制度所需要的人才
社会政治经济制度决定受教育权	教育通过传播思想、形成舆论作用于一定的政治经济制度
社会政治经济制度决定教育目的	教育促进民主化进程,但对社会政治经济制度不起决定作用
社会政治经济制度决定着教育内容的取舍	—
社会政治经济制度决定着教育体制	—
社会政治经济制度制约教育的改革与发展	—

巧学妙记

生产力水平和社会政治经济制度对教育都有制约作用,但生产力水平从根本上决定了教育的性质:

根本因素——生产力水平

直接因素——社会政治经济制度

(四)教育与文化

文化对教育发展的制约作用	教育对文化发展的促进作用(文化功能)	学校文化
文化影响教育目的的确立	教育能够传承文化	学校文化是指学校全体成员或部分成员习得且共同具有的思想观念和行为方式
文化影响教育内容的选择	教育能够改造文化(选择和整理、提升文化)	校园文化是学校文化的缩影,是指学校全体员工在学习、工作和生活的过程中所共同拥有的价值观、信仰、态度、作风和行为准则
文化影响教育教学方法的使用	教育能够传播、交流和融合文化	校园文化包括校园物质文化、校园精神文化和校园组织与制度文化。其中,校园精神文化是校园文化的核心内容,也是校园文化的最高层次,主要包括校风、学风、教风、班风和学校人际关系等
—	教育能够更新和创造文化	—

(五)教育的相对独立性

一般来说,教育为一定社会的生产力发展水平所制约,为一定社会的政治经济制度所决定,为一定社会的文化所影响,但是教育又常显示出其自身所特有的形式和发展轨迹,具有相对独立性。主要表现在以下几方面:

(1)教育自身的历史继承性。

(2)教育与社会发展的不平衡性。

(3)教育与其他社会意识形式的平行性。

我们不能把教育的相对独立性理解为绝对独立性,教育也受社会发展的制约。

考点2 教育与人的发展★★【常考题型:单选】

(一)个体身心发展的概念

个体身心发展是指作为复杂整体的个体在从生命开始到生命结束的全部人生过程中,不断发生变化的过程,特别是指个体的身心特点向积极方面变化的过程。

(二)个体身心发展的动因

温馨提示

个体身心发展的动因是常考知识点,尤其是内发论和外铄论的观点及其代表人物,常以单项选择题的形式进行考查,考生应理解掌握。

影响人身心发展因素的观点	主要理论	代表人物及其观点	
内发论(遗传决定论)	强调内在因素,如“需要”“成熟”,强调人的身心发展的力量主要源于人自身的内在需要,身心发展的顺序也是由身心成熟机制决定的	孟了	人的本性是善的,“万物皆备于我”
		—	“生而知之”“性也者,与生俱生也”“唯上智与下愚不移”
		弗洛伊德	人的性本能是最基本的自然本能
		高尔顿	个体的发展及其个性品质早在基因中就决定了
		格塞尔	强调成熟机制对人的发展的决定作用
		霍尔	“一两的遗传胜过一吨的教育”;个体心理发展由种系发展决定(复演说)

续表

影响人身心发展因素的观点	主要理论	代表人物及其观点	
外铄论（环境决定论）	人的发展主要依靠外在的力量，诸如环境的刺激和要求、他人的影响和学校的教育等	荀子	性恶论
		洛克	“白板说”
		华生	____
辐合论（二因素论）	肯定先天遗传因素和后天环境对儿童发展的重要作用，而且二者的作用各不相同，且不能相互替代	施泰伦	发展等于遗传与环境之和
		吴伟士（武德沃斯）	人的发展等于遗传与环境的乘积
多因素相互作用论（共同作用论）	人的发展是个体的内在因素（如先天遗传素质、机体成熟的机制）与外部环境（如外在刺激的强度、社会发展的水平、个体文化背景等）在个体活动中相互作用的结果。人是能动的实践主体，没有个体的积极参与，个体的发展是不能实现的。在主客观条件大致相似的情况下，个体主观能动性发挥的程度，对人的发展有着决定性的意义		

巧学妙记

外铄论代表人物的记忆可以采用以下小妙招：

外出寻（荀）找落（洛）花（华）生

（三）影响个体身心发展的主要因素

主要因素	概述
遗传（遗传素质）——人的身心发展的前提	（1）遗传素质是人的身心发展的前提，为人的发展提供了可能性，但不能决定人的发展 （2）遗传素质的个体差异是人的身心发展的个体差异的原因之一 （3）遗传素质的成熟机制制约着人的身心发展的水平及阶段

续表

主要因素	概述
环境——提供发展的可能	(1)社会环境为个体的发展提供了多种可能,使遗传提供的发展可能变成现实 (2)环境是推动人身心发展的动力 (3)环境不决定人的发展 (4)人对环境的反应是能动的
教育(学校教育)——主导作用	原因: (1)学校教育是有目的、有计划、有组织地培养人的活动 (2)学校有专门负责教育工作的教师,相对而言效果较好 (3)学校教育能有效地控制和协调影响学生发展的各种因素
	表现: (1)学校教育对个体发展做出社会性规范 (2)学校教育具有开发个体特殊才能和发展个性的功能 (3)学校教育对个体发展的影响具有即时和延时的价值 (4)学校教育具有加速个体发展的特殊功能
个体的主观能动性——内在动力	个体的主观能动性是人的一种内在需要和动力,是一种寻求发展的积极动机和渴望。所以,个体的主观能动性是人的身心发展的内在动力,也是促进个体发展从潜在的可能状态转向现实状态的决定性因素

(四)个体身心发展的规律

个体身心发展的规律	表现	遵循该规律的教育要求
顺序性	人的身心发展是一个由低级到高级、由简单到复杂、由量变到质变的连续不断的发展过程	循序渐进地施教,不可“拔苗助长”“陵节而施”
阶段性	个体身心发展在不同的年龄阶段表现出不同的总体特征及主要矛盾,面临着不同的发展任务	教育工作要根据不同年龄阶段的特点分阶段进行,不可“一刀切”

续表

个体身心发展的规律	表现	遵循该规律的教育要求
不平衡性（不均衡性）	(1)个体身心发展的同一方面的发展速度,在不同的年龄阶段是不平衡的 (2)个体身心发展的不同方面在不同时期具有不均衡性	教育教学要抓住关键期或最佳期,视时而教、及时施教,以求在最短的时间内取得最佳的效果
互补性	包括生理与生理之间的互补和生理与心理之间的互补	教育工作者要树立信心、发现学生的优势,扬长避短、长善救失
个别差异性	不同个体同一方面发展速度和水平之间的差异、不同个体不同方面存在差异、不同个体具有不同的个性心理倾向、群体差异	教育必须因材施教
整体性	学生是一个整体的人,以其整个身心投入教学生活,并以整个身心来感知、体验、享受和创造这种教学生活	着眼于学生的整体性,促进学生的一般发展,注意做到认知因素与非认知因素、意识与潜意识、科学与艺术的统一

真题检测

真题 1　【2018 上半年】单项选择:发达国家大多已普及 12 年义务教育,而发展中国家一般仅普及 9 年义务教育。这说明从根本上制约发展规模和速度的社会因素是(　　)

A. 政治经济制度　　B. 生产力的发展水平

C. 人口数量和质量　　D. 社会意识形态

真题 2　【2018 上半年】单项选择:教育具有自身的特点和规律,对政治经济制度和生产力有能动作用。这说明教育具有(　　)

A. 历史性　　B. 阶级性　　C. 社会生产性　　D. 相对独立性

真题3 【2017 下半年】**单项选择**:不同时期、地域、民族和阶层中生活的人的思想、品行、才能和习性,无不打上历史、地域、民族和阶层的烙印,表现出很大的差别。这种现象表明的影响人发展的因素是(　　)

A. 遗传因素　　B. 社会环境　　C. 教育影响　　D. 个体实践

真题4 【2017 下半年】**单项选择**:李老师在教学过程中,深入了解学生,针对学生的不同发展水平、兴趣、爱好和特长,引导学生扬长避短,发展个性,不断促进学生的自由发展。李老师的这种做法适应了人身心发展的哪一特点(　　)

A. 顺序性　　B. 阶段性　　C. 连续性　　D. 差异性

真题5 【2017 上半年】**单项选择**:儿童身心发展存在高速发展期,某一时期某一方面的发展特别迅速,而在其他阶段相对平稳。这一现象体现了儿童身心发展的哪一特性(　　)

A. 顺序性　　B. 阶段性　　C. 个别差异性　　D. 不平衡性

真题6 【2016 上半年】**单项选择**:如果让六个月的婴儿学走路,不但徒劳而且无益,同理,让四岁的儿童学高等数学,也难以成功。这说明(　　)

A. 遗传素质的成熟程度制约着人的发展过程及其阶段

B. 遗传素质的差异性对人的发展有一定的影响

C. 遗传素质具有可塑性

D. 遗传素质决定着人发展的最终结果

真题7 【2015 下半年】**单项选择**:马克思认为,复杂劳动等于加倍的简单劳动。这主要说明教育具有哪种功能(　　)

A. 经济功能　　B. 政治功能　　C. 文化功能　　D. 人口功能

真题8 【2015 上半年】**单项选择**:在当代,教育被人们视为一种投资,一种人力资本,这是因为教育具有(　　)

A. 政治功能　　B. 经济功能　　C. 文化功能　　D. 人口功能

真题9 【2015 上半年】**单项选择**:“唯上智与下愚不移”“生而知之”等反映了影响人的发展因素的哪一理论(　　)

A. 环境决定论　　B. 遗传决定论

C. 教育万能论　　D. 儿童学理论

真题10 【2014 下半年】**单项选择**:教育可以“简化”文化,“吸取”其基本内容;教育可以“净化”文化,“清除”其不良因素。这体现了教育对文化具有(　　)

A. 选择功能　　B. 发展功能

C. 传递功能　　　　D. 保护功能

真题11　【2014 上半年】单项选择:决定教育的领导权和受教育权的主要因素是(　　)

A. 社会生产力和科技发展水平　　　　B. 社会人口数量和结构

C. 社会文化传统　　　　D. 社会政治经济制度

参考答案及解析

1. B【解析】生产力的发展水平制约着教育发展的规模和速度。

2. D【解析】教育的发展受政治经济制度和生产力的制约,但教育具有自身的规律,对政治经济制度和生产力具有能动作用,即相对独立性。

3. B【解析】题干中不同时期、地域、民族和阶层中生活的人具有历史、地域、民族和阶层的烙印是因为受到了社会环境的影响。

4. D【解析】个体身心发展的个别差异性,是指个体之间的身心发展以及个体身心发展的不同方面之间,存在着发展程度和速度的不同。个别差异性的表现之一是不同儿童所具有的不同个性心理倾向,如不同年龄的儿童具有不同的兴趣、爱好和性格等。题干中李老师的做法就是适应了人身心发展的差异性的特点。

5. D【解析】个体身心发展的不平衡性(不均衡性)的表现:一方面是指身心发展的同一方面的发展速度,在不同的年龄阶段是不平衡的;另一方面是就个体身心发展的不同方面而言的。

6. A【解析】略。

7. A【解析】教育再生产劳动力具体体现在:(1)教育使潜在的生产力转化为现实的生产力;(2)教育可以提高劳动力的质量和素质,使之获得一定劳动部门认可的技能和技巧,成为发达的和专门的劳动力;(3)教育可以改变劳动力的形态,把一个简单劳动力训练成一个复杂劳动力,把一个体力劳动者培养成一个脑力劳动者;(4)教育可以使劳动力得到全面发展,提高劳动转换能力,摆脱现代分工对每个人造成的片面性。题干的描述体现了第三条的内涵。

8. B【解析】略。

9. B【解析】题干的描述体现了遗传决定论的观点。

10. A【解析】题干中的“简化”“吸取”“净化”“清除”等字眼均体现了教育对文化的选择。

11. D【解析】社会政治经济制度决定教育的领导权和受教育权。

第 3 天

今日目标

1. 掌握教育目的的理论。

2. 理解并掌握我国教育目的的基本精神。

3. 理解全面发展教育的组成部分及其关系。

4. 掌握我国现代学制的沿革。

专题一 教育目的

考点1 教育目的概述★★★【常考题型:单选、辨析】

(一)教育目的的概念

教育目的指教育要达到的预期结果,是根据一定社会发展和受教育者自身发展需要及规律,对受教育者提出的总的要求,规定了把受教育者培养成什么样的人,是培养人的质量规格标准,同时也反映了教育在人的努力方向和社会倾向性等方面的要求。

(二)教育目的与教育方针

1. 教育目的与教育方针的联系

教育方针是最高国家权力机关根据政治、经济要求,明令颁布实行的一定历史阶段教育工作的总的指导方针或总方向。教育方针是教育目的的政策性表达,教育目的只是教育方针的若干组成要素之一。

2. 教育目的与教育方针的区别

教育目的	教育方针
理论术语、学术性概念,属于教育基本理论范畴,也属于目的性范畴	工作术语、政治性概念,属于教育政策学范畴,也属于手段性范畴
反映的是一定社会对人才培养的总要求,规定教育培养人才的质量规格	阶级或政党确定的一定时期内教育发展的基本指导思想

续表

教育目的	教育方针
有时是由社会团体或个人提出的，对教育实践可以不具约束力	由政府或政党提出的，对教育实践具有强制性
——	它对于教育工作产生的影响要大于教育目的，因为教育方针的内容中不只限于教育目的的规定，还涉及教育的性质和实现教育目的的途径

（三）教育目的的作用（功能）

（1）教育目的对教育工作具有导向作用。

（2）教育目的对贯彻教育方针具有激励作用。

（3）教育目的是对教育效果进行评价的重要标准。

（四）教育目的的层次结构

教育目的是各级各类学校遵循的工作总方针，但各级各类学校还有各自的具体工作方针，这便决定了教育目的的层次性。教育目的包括三个层次：（1）国家的教育目的；（2）各级各类学校的培养目标。教育目的与培养目标是普遍与特殊的关系；（3）教师的教学目标。

（五）教育目的的确立依据

（1）特定的社会政治、经济、文化背景。

（2）人的身心发展特点和需要。

（3）人们的教育理想。

（4）我国确立教育目的的理论依据是马克思关于人的全面发展学说（理论）。马克思阐述了关于人的全面发展学说，这一学说是我国确立教育目的的理论依据和基础。

考点2　教育目的的理论★★【常考题型：单选】

教育目的的理论	代表人物	主要观点
个人本位论	孟子、卢梭、裴斯泰洛齐、福禄贝尔、马利坦、赫钦斯、奈勒、马斯洛、萨特等	教育要从发展人的本性、挖掘人的潜能出发，注重个人的价值

续表

教育目的的理论	代表人物	主要观点
社会本位论	荀子、柏拉图、赫尔巴特、涂尔干、纳托普、凯兴斯泰纳、孔德、巴格莱等	教育要从社会发展需要出发，注意教育的社会价值。教育的目的是为社会培养合格的成员和公民

温馨提示

教育目的的个人本位论和社会本位论的观点容易混淆，考生可以根据关键词进行区分：

个人本位论——人

社会本位论——社会

另外，我国的教育目的体现了个人本位和社会本位的历史的、具体的统一。

考点3　我国当前的教育方针

2010年7月29日，党中央、国务院正式颁布的《国家中长期教育改革和发展规划纲要(2010～2020年)》指出："全面贯彻党的教育方针，坚持教育为社会主义现代化建设服务，为人民服务，与生产劳动和社会实践相结合，培养德智体美全面发展的社会主义建设者和接班人。"这是我国当前的教育方针。

考点4　我国教育目的的基本精神

一个总的精神：培养学生成为未来国家、社会的主人。

基本点主要表现在：(1)坚持社会主义方向性；(2)坚持全面发展；(3)培养独立个性；(4)教育与生产劳动相结合，这是实现我国教育目的的根本途径；(5)注重提高全民族素质。

考点5　全面发展教育的组成部分及其关系★★★【常考题型：单选、简答】

(一)概念

一般认为，我国现在中小学的全面发展教育主要包括德育、智育、体育、美育、劳动技术教育。

全面发展教育的组成部分	概述
德育	培养学生正确的人生观、世界观、价值观，使学生具有良好的道德品质和正确的政治观念，形成正确的思想方法 它包括道德品质、政治方向、价值观、心理品质及思想品德能力等方面的教育
智育	传授给学生系统的科学文化知识、技能，发展他们的智力和与学习有关的非认知因素 针对的是学生的智能提升，关注知识、技能与能力
体育	授予学生健康的知识、技能，发展他们的体力，增强他们的自我保健意识和体质，培养他们参加体育活动的需要和习惯，增强其意志力。学校体育的基本组织形式是体育课
美育	美育又称审美教育，是运用艺术美、自然美和社会生活美培养学生健康的审美观，发展他们感受美、鉴赏美、创造美的能力，培养他们高尚的情操与文明素养的教育 美育对学生德、智、体、劳各方面发展的意义表现在：(1)美育可以扩大学生的知识视野，发展学生的智力和创造力；(2)美育具有净化心灵、陶冶情操、完善品德的教育功能；(3)美育可以促进学生身体健康发展；(4)美育有助于学生劳动观点的树立、劳动技能的形成
劳动技术教育	引导学生掌握劳动技术知识和技能，形成劳动观点和习惯

(二)全面发展教育各组成部分之间的关系

1.“五育”在全面发展中的地位存在不平衡性

全面发展不能理解为要求学生“样样都好”的平均发展，也不能理解为人人都要发展成为一样的人。全面发展的教育同“因材施教”“发挥学生的个性特长”并不是对立的、矛盾的。人的发展应是全面、和谐、具有鲜明个性的。在实际生活中，青少年德、智、体、美、劳诸方面的发展往往是不平衡的，有时需要针对某个带有倾向性的问题强调某一方面。学校教育也常会因某一时期任务的不同，在某一方面有所侧重。

2.“五育”各有其相对独立性

“五育”中的每一组成部分都有其相对独立性，有其特定的任务、内容和功能，对其他各育起着影响、促进的作用，各育不能相互代替。

全面发展教育的组成部分	作用
德育	起着保证方向和保持动力的作用，是“五育”的灵魂
智育	为其他各育的实施提供了认识基础
体育	实施各育的物质保证
美育	是德育、智育、体育的具体运用和实施
劳动技术教育	

3.“五育”之间具有内在联系

德育、智育、体育、美育、劳动技术教育紧密相连，它们互为条件，互相促进，相辅相成，构成一个统一的整体。它们的关系具有在活动中相互渗透的特征。

专题二 教育制度

考点6 教育制度概述 ★★★【常考题型：单选、简答】

（一）学校教育制度的概念

学校教育制度，简称学制，是一个国家各级各类学校的总体系，具体规定各级各类学校的性质、任务、要求、入学条件、修业年限及它们之间的相互关系。

（二）建立学制的依据

（1）生产力发展水平和科学技术发展状况。

（2）社会政治经济制度。

（3）青少年、儿童身心发展规律。

（4）人口发展状况。

（5）文化传统。

（6）本国学制的历史发展和国外学制的影响。

考点 7 现代学校教育制度的类型★★【常考题型:单选】

<table>
<tr><td rowspan="12">现代学制的类型</td><td rowspan="4">双轨学制</td><td>形成时间:19 世纪</td></tr>
<tr><td>英国、法国、联邦德国等欧洲国家的学制都属这种学制</td></tr>
<tr><td>特点:把学校系统分为两轨:一轨是学术教育,为特权阶层子女所占有,学术性很强,学生可升到大学以上;另一轨是职业教育,为劳动人民的子弟所开设,属生产性的一轨。两轨之间互不相通,互不衔接</td></tr>
<tr><td>评价:这种学制不利于教育的普及</td></tr>
<tr><td rowspan="4">单轨学制</td><td>形成时间:19 世纪末 20 世纪初</td></tr>
<tr><td>在美国形成的一种学制</td></tr>
<tr><td>特点:从小学直至大学、形式上任何儿童都可以入学</td></tr>
<tr><td>评价:这种学制有利于教育的普及,但教育参差不齐、效益低下、发展失衡,同级学校之间教学质量相差较大</td></tr>
<tr><td rowspan="4">分支型学制</td><td>形成时间:20 世纪上半叶</td></tr>
<tr><td>由苏联建立的一种学制形式</td></tr>
<tr><td>特点:这种学制既有上下级学校间的相互衔接,又有职业技术学校横向的相互联系,形成了立体式的学制。它是介于双轨学制和单轨学制之间的分支型学制,也被称为中间型学制或“Y”型学制</td></tr>
<tr><td>评价:这种学制试图融会单轨制与双轨制之长,兼顾公平与效益;既有利于教育的普及,又使学术性保持较高水平。但由于课时多、课程复杂,教学计划、大纲和教科书必须统一而使教学不够灵活,特别是地域性较强的课程得不到很好的发展</td></tr>
</table>

考点8 我国现代学制的沿革★★

(一)旧中国的学制沿革

学制	内容
1902年的“壬寅学制” (未实行)	我国近代教育史上最先制定的系统的学校制度,是1902年(光绪二十八年)张百熙的《钦定学堂章程》,光绪二十八年为壬寅年,故这个学制亦称“壬寅学制” “壬寅学制”以日本的学制为蓝本,是我国颁布的第一个现代学制,虽然正式公布,但并未实行
1904年的“癸卯学制” (实行新学制的开端)	1903年(光绪二十九年),清政府任命张之洞、荣庆、张百熙三人重新修订拟定了《奏定学堂章程》,1904年1月颁布执行,又称“癸卯学制” “癸卯学制”主要承袭了日本的学制,是我国第一个实行的现代学制。该学制明文规定教育目的是“忠君、尊孔、尚公、尚武、尚实”,明显反映了“中学为体,西学为用”的思想。另外,还规定不许男女同校,轻视女子教育
1912、1913年的“壬子癸丑学制”	“壬子癸丑学制”由蔡元培主持颁布。在法律上体现了教育机会均等,第一次规定了男女同校,废除读经,充实了自然科学的内容,将学堂改为学校。该学制缩短了3年普通教育,同时,在实业教育之外,增设了补习学校。“壬子癸丑学制”是我国教育史上第一个具有资本主义性质的学制
1922年的“壬戌学制”	1922年,在北洋军阀统治下,留美派主持的全国教育会联合会以美国学制为蓝本,颁布了“壬戌学制”。由于是采用美国式的六三三分段法,即小学六年、初中三年、高中三年,因此又称“新学制”或“六三三学制”

(二)我国现行学校教育制度的结构

(1)从层次结构上来看:我国现行学校教育包括学前教育、初等教育、中等教育和高等教育四个层次。

(2)从类别结构上来看:我国现行学校教育可划分为基础教育、职业技术教育、高等教育、成人教育和特殊教育五个大类。其中，我国基础教育包括学前教育和普通中小学教育。

考点9 义务教育制度★★

（一）义务教育的概念

义务教育是指依据法律规定，适龄儿童和青少年都必须接受的，国家、社会、家庭必须予以保证的国民教育。

（二）我国义务教育的阶段和学制

《中华人民共和国义务教育法实施细则》第七条明确规定了义务教育阶段的划分："实施九年制义务教育可以分为两个阶段。第一阶段，实施初等义务教育；第二阶段，在实施初等义务教育的基础上实施初级中等义务教育。"

与义务教育的阶段相对应的是我国义务教育的学制。我国九年制义务教育的学制年限实行小学六年、初中三年的"六三制"，或小学五年、初中四年的"五四制"，以及不划分为两个阶段的"九年一贯制"。此外，小学五年、初中三年的"五三制"为过渡学制。目前，我国义务教育主要实行"九年一贯制"。

（三）义务教育的特点

(1)强制性（义务性）：义务教育的最本质特征。

(2)普及性（普遍性、统一性）：义务教育的基本性质。

(3)免费性（公益性）。

(4)公共性（国民性）。

(5)基础性。

其中，强制性、免费性、普及性是三个最基本的特征。

考点10 现代教育制度的发展★★

（一）教育制度在形式上的发展（教育制度的发展历史）

教育制度的发展经历了从前制度化教育到制度化教育，再到非制度化教育的过程。

（二）现代学校教育制度的发展趋势

(1)加强学前教育并重视与小学教育的衔接；(2)强化普及义务教育，延长义务教育年限；(3)普通教育与职业教育朝着相互渗透的方向发展；(4)高等教育的大众化；(5)终身教育体系的建构。"终身教育"这一术语是1965年由联合国教科文组织成人教育局局长、法国的保罗·朗格朗正式提出来的;(6)教育社会化与社会教育化;(7)教育的国际交流加强;(8)学历教育与非学历教育的界限逐渐淡化。

专题三　教育研究及其方法

考点11　教育研究的基本过程

(1)选择研究课题;(2)教育文献检索与综述;(3)制订研究计划;(4)教育研究资料的收集、整理与分析;(5)教育研究论文与报告的撰写。

考点12　常用的教育研究方法★★

(一)观察研究法

概念	人们有目的、有计划地通过感官和辅助仪器,对处于自然状态下的客观事物进行系统考察,从而获取经验事实的一种科学研究方法
特点	(1)目的性;(2)自然性;(3)有翔实的观察记录;(4)能动性
类型	(1)根据观察的情境条件,可分为自然观察法和实验观察法;(2)根据观察时是否借助仪器设备,可分为直接观察法和间接观察法;(3)根据观察者是否直接参与被观察者所从事的活动,可分为参与观察法(研究者直接进入所观察对象的群体中,在不暴露研究者身份的前提下,通过参与观察对象的活动过程,进行隐蔽性观察研究的一种方法)和非参与观察法(研究者作为局外人,公开或者秘密地旁观研究对象的活动的一种方法);(4)根据观察内容是否有统一设计的、有一定结构的观察项目和要求,可分为结构性观察和非结构性观察;(5)根据观察的内容是否连续完整以及观察记录的方式,可分为叙述观察法、取样观察法和评价观察法

(二)调查研究法

概念	在教育理论指导下,通过运用观察、列表、问卷、访谈、个案研究以及测验等方式,搜集教育问题的资料,从而对教育的现状做出科学分析,并提出具体工作建议的一整套实践活动

续表

常用的调查方法	查阅资料、问卷法、开调查会、访谈法和调查表法。其中最基本、使用最广泛的方法是问卷调查。访谈法是研究者通过与研究对象有目的地交谈来收集研究资料的一种方法。访谈调查法的实施过程:①选择访谈对象;②准备访谈提纲和访谈计划;③正式访谈
类型	(1)依据调查的对象,可以分为全面调查、重点调查、抽样调查和个案调查;(2)依据调查的目的分为历史调查、现状调查、发展调查、常规调查、比较调查和原因调查等;(3)依据调查的性质分为事实调查和意见调查;(4)依据调查的范围又分为综合调查和专题调查;(5)根据调查的内容,可分为科学性的典型调查、反馈性的普遍调查和预测性的抽样调查
步骤	(1)明确调查目的;(2)制订调查计划;(3)准备调查材料和工具;(4)实施调查;(5)整理调查材料;(6)撰写调查报告

(三)历史研究法

历史研究法是以系统方式收集、整理教育现象发生、发展和演变的史料,诠释、理解史料及事件关系的方法。

(四)实验研究法

概念	根据研究目的,运用一定的人为手段,主动干预或控制研究对象的发生、发展过程,通过观察、测量、比较等方式探索、验证所研究现象因果关系的研究方法。 实验研究的目的是发现事物间的因果关系,是各类研究中唯一能确定因果关系的研究
性质	(1)教育实验必须要有一个理论假说;(2)实验的根本目的在于揭示变量之间的因果关系;(3)实验必须控制某些条件;(4)真正的科学实验是可以重复验证实验结果的
类型	(1)按照实验研究的目的,可分为探索性实验、验证性实验和改造性实验;(2)根据对实验的控制程度,可分为前实验、准实验和真实验;(3)根据实验环境,可分为实验室实验和自然实验;(4)根据分配方法,可分为等组实验、单组实验和轮组实验;(5)根据自变量因素的多少,可分为单因素实验和多因素实验

(五)行动研究法

概念	实际工作者(如教师)基于解决实际问题的需要,与专家、学者及本单位的成员共同合作,将实际问题作为研究的主题,进行系统的研究,以解决实际问题的一种研究方法
步骤	行动研究的基本过程大致分为循序渐进的四个环节,即计划、行动、考察和反思

(六)教育测量法

教育测量法是按照一定的规则对教育领域里的事物、现象或活动的某些属性分派数字。量表是教育测量的工具,它是测量专家把测量精神属性的量具设计成文字形式的各种试卷、表格,有的则是以图形、符号、操作要求的形式出现的量表,分为类别量表、等级量表、等距量表和等比量表等。

(七)叙事研究法

叙事研究法是教育主体通过叙述教育教学中的真实情境,体悟教育真谛的一种研究方法。通过教育叙事展开对现象的思索,对问题的研究,是一个将客观的过程、真实的体验和主观的阐释有机融为一体的一种教育经验的发现和揭示过程。

真题检测

真题 1 【2017 上半年】**单项选择**:在教育目的价值取向问题上,主张教育是为了使人增长智慧,发展才能,生活更加充实幸福的观点属于(　　)

A. 个人本位论　　B. 社会本位论

C. 知识本位论　　D. 能力本位论

真题 2 【2017 上半年】**单项选择**:世界各国的学制存在着差异,但在入学年龄、中小学分段等方面具有较高的一致性。这说明学制的建立主要依据(　　)

A. 社会政治经济制度　　B. 生产力发展水平

C. 青少年身心发展规律　　D. 民族和文化传统

真题 3 【2016 下半年】**单项选择**:在我国近现代学制改革中,明确规定将学堂改为学校,实行男女平等,允许初等小学男女同校的学制是(　　)

A. 壬寅学制　　B. 癸卯学制

C. 壬子癸丑学制　　D. 壬戌学制

真题4　【2016上半年】单项选择:确立我国教育目的的理论基础是(　　)

A. 素质教育理论　　B. 马克思关于人的全面发展理论

C. 创新教育理论　　D. 生活教育理论

真题5　【2016上半年】辨析:教育既然是培养人的活动,教育目的就只能按照人的发展需要确立。

真题6　【2016上半年】简答:简述美育对促进学生德智体全面发展的意义。

真题7　【2016上半年】单项选择:英国政府1870年颁布的《初等教育法》中,一方面保持原有的专为资产阶级子女服务的学校系统,另一方面为劳动人民的子女设立国民小学、职业学校。这种学制属于(　　)

A. 双轨学制　　B. 单轨学制

C. 中间型学制　　D. 分支型学制

真题8　【2015下半年】单项选择:在"中学为体,西学为用"的思想指导下,我国从清末开始试图建立现代学制,在颁布的诸多学制中,第一次正式实施的是(　　)

A. 壬寅学制　　B. 癸卯学制

C. 壬子癸丑学制　　D. 壬戌学制

真题9　【2015上半年】辨析:教育目的和培养目标是同一概念。

真题10　【2015上半年】简答:一个国家学制建立的主要依据有哪些?

真题11　【2014下半年】单项选择:在教育目的价值取向上,存在的两个典型对立的理论主张是(　　)

A. 个人本位论与社会本位论　　B. 国家本位论与社会本位论

C. 全面发展论与个性发展论　　D. 国家本位论与个人本位论

真题12　【2014上半年】单项选择:德国教育家凯兴斯泰纳曾提出过"造就合格公民"的教育目的,这种教育目的论属于(　　)

A. 个人本位论　　B. 社会本位论

C. 集体本位论　　D. 个别差异性

参考答案及解析

1. A【解析】个人本位论认为确立教育目的的根据是人的本性,教育的目的是培养健全发展的人,发展人的本性,挖掘人的潜能,增进受教育者的个人价值,个人价值高于社会价值,而不是为某个社会集团或阶级服务。题干描述的是个人本位论的观点。

2. C【解析】略。

3. C【解析】壬子癸丑学制明显反映了资产阶级在学制方面的要求，明令废除在受教育权方面的性别和职业限制，在法律上体现了教育机会均等。该学制第一次规定了男女同校，废除读经，充实了自然科学的内容，将学堂改为学校。

4. B【解析】略。

5.【参考答案】(1)这种说法是不正确的。(2)确立教育目的的依据有：①特定的社会政治、经济、文化背景。②人的身心发展特点和需要。③人们的教育理想。④我国确立教育目的的理论依据是马克思关于人的全面发展学说。人的发展需要只是确立教育目的的依据之一。

6.【参考答案】(参见第 32 页“美育”)

7. A【解析】略。

8. B【解析】“癸卯学制”主要承袭了日本的学制，是我国第一个实行的现代学制。该学制明文规定教育目的是“忠君、尊孔、尚公、尚武、尚实”，明显反映了“中学为体，西学为用”的思想。

9.【参考答案】(参见第 30 页“教育目的的层次结构”)

10.【参考答案】(1)生产力发展水平和科学技术发展状况；(2)社会政治经济制度；(3)青少年、儿童身心发展规律；(4)人口发展状况；(5)文化传统；(6)本国学制的历史发展和国外学制的影响。

11. A【解析】在教育目的价值取向上，存在的两个典型对立的理论主张是：个人本位论与社会本位论。个人本位论注重个人价值，社会本位论注重社会价值。

12. B【解析】“造就合格公民”体现了为社会培养合格公民的教育倾向，属于社会本位论。

第 4 天

今日目标

1. 掌握课程类型。
2. 理解课程理论及主要流派。
3. 理解影响课程开发的主要因素。
4. 掌握课程的文本形式。

专题一　课程概述

考点1 课程及其意义★★【常考题型:单选】

(一)课程的概念

“课程”一词在我国始见于唐宋期间。

在西方,“课程”一词最早出现在英国教育家斯宾塞的《什么知识最有价值》一文中。它由拉丁语派生而来,意为“跑道”。根据这个词源,最常见的课程定义是“学习的进程”,简称学程。

一般认为,美国学者博比特在1918年出版的《课程》一书,标志着课程作为专门研究领域的诞生,这也是教育史上第一本课程理论专著。

课程是指学校学生所应学习的学科总和及其进程与安排。广义的课程是指学校为实现培养目标而选择的教育内容及其进程的总和,它包括学校所教的各门学科和有目的、有计划的教育活动。狭义的课程是指某一门学科。

(二)课程的意义

(1)课程是学校培养人才蓝图的具体表现。

(2)课程是教师教和学生学的基本依据,是联系师生的纽带。

(3)课程是学生吸取知识的主要来源。

(4)合理的课程设置对学生的全面发展起着决定作用。

(5)课程是教学方法的选择、教学组织形式的确定、教学手段的应用的依据。

(6)课程是评估教学质量的主要依据和标准。

考点 2 课程类型★★★【常考题型：单选、简答】

（一）学科课程与活动课程

从课程内容的固有属性来划分，课程可分为学科课程与活动课程。

<table>
<tr><th>类型</th><th>概述</th></tr>
<tr><td>学科课程</td><td>以文化知识（科学、道德、艺术）为基础，按照一定的价值标准，从不同的知识领域或学术领域选择一定的内容，根据知识的逻辑体系，将所选出的知识组织为学科的课程类型。其主导价值在于传承人类文明，强调使学生掌握、传递和发展人类积累下来的文化遗产</td></tr>
<tr><td rowspan="2">活动课程</td><td>活动课程亦称经验课程，是指围绕着学生的需要和兴趣、以活动为组织方式的课程形态，即以学生的主体性活动经验为中心组织的课程。经验课程以开发与培育主体内在的、内发的价值为目标，旨在培养具有丰富个性的主体。学生的兴趣、动机、经验是经验课程的基本内容，其主导价值在于使学生获得关于现实世界的直接经验和真切体验。杜威是活动课程的主要代表</td></tr>
<tr><td>特征：（1）从儿童的需要、兴趣和个性出发设计课程，是儿童本位、经验本位；（2）以儿童的心理发展顺序为中心编制课程；（3）主张儿童在活动中探索，尝试错误，学到方法。也有说法认为，活动课程的特点包括：（1）主体性：重视、尊重学生主动精神，注意发挥学生学习的主体性；（2）乡土性：以学生所在社区的课题为题材；（3）综合性：打破了传统学科框架，以生活题材为学习单元来组织实施；（4）经验性：主要是通过学习者解决所面临的各种问题以获得经验，促进发展</td></tr>
</table>

温馨提示

课程类型是高频考点，尤其是学科课程和活动课程，考生应结合教材内容准确理解并熟练掌握，此处常以单项选择题和简答题的形式进行考查。

（二）分科课程与综合课程

从课程内容的组织方式来划分，课程可分为分科课程与综合课程。

类型	概述
分科课程	分科课程是根据学校教育目标、教学规律和一定年龄阶段的学生发展水平，分别从各门学科中选择部分内容，组成各种不同的学科，彼此分立地安排它们的教学顺序、教学时数和期限
综合课程	打破传统的分科课程的知识领域，组合两门以上学科领域而构成的一门学科"相关课程""融合课程""广域课程""核心课程"都是综合课程的形式。(1)相关课程是指在保留原来学科独立性的基础上，寻找两个或多个学科的共同点，加强学科之间的联系；(2)融合课程是指把有内在联系的学科内容融合在一起而形成一门新的学科；(3)广域课程是指依据学科及活动性质，将学校学科课程进行整合，构成领域更广的几类课

(三)必修课程与选修课程

从对学生的学习要求角度来划分，课程可分为必修课程与选修课程。

类型	概述
必修课程	根据人的发展和社会发展的需要制定的，所有学生都必须学习的科目。它往往体现了社会对人才的统一要求，带有统一性和强制性。就我国现阶段基础教育课程现状而言，必修课程一般包括国家课程和地方课程
选修课程	选修课程是针对必修课程的不足之处提出来的，是为发展学生的兴趣、爱好和个性特长而开设的课程

(四)国家课程、地方课程与校本课程

从课程设计、开发、管理主体或管理层次来看，可将课程分为国家课程、地方课程与校本(学校)课程。2001年颁布的《基础教育课程改革纲要(试行)》明确规定了实行国家、地方、学校三级课程管理体制。

类型	概述
国家课程	国家课程是由中央教育行政机构编制和审定的课程，其管理权限属中央级教育机关。它的宗旨是保证国家实现普通教育的培养目标和提高普通教育水平，规定学生应掌握的基础知识和基本技能，体现国家对教育的基本要求。其主导价值在于通过课程体现国家的教育意志

续表

类型	概述
地方课程	地方课程是省级教育行政部门以国家课程为基础，依据当地的政治、经济、文化、民族等发展的需要而开发设计的课程。其主导价值在于通过课程满足地方发展的现实需要
校本课程	校本课程即学校课程，是学校在确保国家课程和地方课程有效实施的前提下，针对学生的兴趣和需要，结合学校的传统和优势以及办学理念，充分利用学校和社区的课程资源，自主开发或选用的课程。其主导价值在于通过课程展示学校的办学宗旨和特色，提升学校的办学水平，促进学生的个性发展 校本课程开发的主体是教师而不是专家。三级课程管理政策赋予了学校教师开发校本课程的专业自主权，因而校本课程开发的主体必须是教师。学校教师之外的其他机构人员，可以参与和协助教师开发校本课程，但却不能取代教师的工作

（五）基础型课程、拓展型课程与研究型课程

根据课程任务，可将课程分为基础型课程、拓展型课程与研究型课程。

类型	概述
基础型课程	注重培养学生的基础学力
拓展型课程	注重拓展学生的知识和能力
研究型课程	注重培养学生的探究态度和能力

（六）显性课程与隐性课程

从课程的表现形式或者说影响学生的方式为依据来划分，课程可分为显性课程与隐性课程。

类型	概述
显性课程	亦称公开课程、显在课程、正规课程，是指在学校情境中以直接的、明显的方式呈现的课程。显性课程的主要特征是计划性，这是区分显性课程和隐性课程的主要标志

续表

类型	概述
隐性课程	亦称潜在课程、隐蔽课程、无形课程、自发课程，是学校情境中以间接的、内隐的方式呈现的课程
	杜威将与具体知识内容的学习相伴随的，对所学内容及学习本身养成的某种情感、态度的学习称为“附带学习（连带学习）”。“隐性课程”一词是由杰克逊在1968年出版的《班级生活》一书中首先提出来的
	主要表现形式：(1)观念性隐性课程，包括隐藏于显性课程之中的意识形态，学校的校风、学风，有关领导与教师的教育理念、价值观、知识观、教学风格、教学指导思想等；(2)物质性隐性课程，包括学校建筑、教室的设置、校园环境等；(3)制度性隐性课程，包括学校管理体制、学校组织机构、班级管理方式、班级运行方式；(4)心理性隐性课程，主要包括学校人际关系状况、师生特有的心态、行为方式等

考点③ 课程理论及主要流派★★【常考题型：单选】

（一）学生中心课程理论

学生中心课程理论也称儿童中心课程理论，具有实用性、综合性、实践性等特点，是以儿童的现实生活特别是活动为中心来编制课程的理论，因此，这种课程理论又称活动课程理论。活动课程理论的主要倡导者是美国实用主义教育家杜威。

其基本主张、优点和局限性如下表所示：

基本主张	(1)经验论：课程即那种对学生经验增长有教育价值的经验 (2)以儿童为中心的活动论：活动课程理论认为，教育应以儿童实际经验为起点，从做中学。一切学习都要通过“做”，由“做”而得到的知识才是真正的知识 (3)主动作业论：着眼于儿童经验的发展而对社会生活中的典型职业进行分析、归纳而获得的各种活动方式 (4)课程组织的心理顺序论：杜威并不否认课程的组织要考虑教材的逻辑顺序，但他更重视课程的组织要考虑儿童的心理顺序。他主张课程的组织应从儿童的经验出发，将教材心理学化，在教学过程中将儿童的个体经验逐渐提升到教材的逻辑水平

续表

优点	(1)重视学生学习活动的心理准备,在课程设计与安排上满足了儿童的兴趣,有很大的灵活性,调动了学生学习的主动性和积极性 (2)强调实践活动,重视学生通过亲自体验获得直接经验,主动去探索,有利于培养学生解决实际问题的能力 (3)强调围绕现实社会生活各个领域精心设计和组织课程,有利于学生获得对世界的完整认识
局限性	过分夸大儿童个人经验的重要性,忽视了知识本身的内在逻辑联系与顺序,只能使学生获得一些零碎片段的知识,降低了学生的知识水平,教育质量很难保证

(二)学科中心课程理论

学科中心课程理论的主要流派、主要观点、优点和局限性如下表所示:

主要流派	(1)美国教育心理学家布鲁纳的结构主义课程理论:以学科结构为课程中心 (2)巴格莱的要素主义课程理论 (3)赫钦斯的永恒主义课程理论
主要观点	主张学校教育的目的在于把人类千百年来积累下来的文化科学知识传递给下一代,而这些文化科学知识的精华就包含在学校设置的各门学科里。教师的任务是把各门学科的知识教给学生,学生的任务是掌握预先为他们准备好的各门学科的知识。学校课程应以学科的分类为基础,以学科教学为核心,以掌握学科的基本知识、基本规律和相应的技能为目标
优点	(1)按学科中心课程理论编制课程,有利于传授系统的科学知识,继承人类文化遗产 (2)重视学生对知识的系统学习,便于学生对知识的掌握与运用 (3)受到悠久传统的支持,大多数教师对此习惯 (4)课程的构成比较简单,易于评价

续表

局限性	(1)以学科为中心编制课程,容易把各门知识割裂开来,不能在整体、联系中进行学习 (2)编制的课程完全从成人的生活需要出发,不重视甚至忽视儿童的兴趣和需要,不利于因材施教,容易导致理论与实践脱节,不能学以致用 (3)各学科容易出现不必要的重复,增加学生的学习负担

(三)社会中心课程理论

社会中心课程理论亦称社会改造主义课程理论,是以适应社会需要为中心编制的理论,以布拉梅尔德为代表。其基本主张、优点和局限性如下表所示:

基本主张	应该把课程的重点放在当代社会的问题、社会的主要功能、学生关心的社会现象以及社会改造与社会活动计划等方面
优点	(1)重视教育与社会、课程与社会的联系,以社会需要来设计课程,有利于为社会需要服务 (2)重视各门学科的综合学习,有利于学生掌握解决问题的方法
局限性	(1)片面强调社会需要,忽视制约课程的其他因素,如学生本身的需要 (2)忽视各门学科的系统性,不利于学生掌握各门学科的系统知识 (3)夸大教育的作用,许多社会问题是由社会造成的,单靠教育是不可能解决的

考点4 影响课程开发的主要因素★★

儿童、社会、学科特征便构成了影响课程开发的三大因素,此外也会受到社会文化传统的影响。

(1)儿童的成熟、心理特征、兴趣与需要。

(2)社会所能提供的办学条件及社会对各种人才的需求,即社会需要和社会条件如生产力的发展水平、政治制度、经济制度、教育制度、教育目的和具体的学校培养目标等。

(3)学科特征。

专题二　课程编制

考点5 课程编制的基本原理★★【常考题型：单选】

（一）目标模式

泰勒是美国著名的课程理论专家，他于1949年出版了《课程与教学的基本原理》，提出了泰勒原理，可概括为：目标、内容、方法、评价。即：（1）确定课程目标；（2）根据目标选择课程内容（经验）；（3）根据目标组织课程内容（经验）；（4）根据目标评价课程。他认为一个完整的课程编制过程都应包括这四项活动。泰勒原理的实质是以目标为中心的模式，因此又被称为“目标模式”。

（二）斯腾豪斯的过程模式

过程模式是指，课程的开发不是为了生产出一套“计划”，然后予以实施和评价的过程，而是一个连续不断的研究过程，并贯穿着对整个过程的评价和修正。而所有这些都集中在课堂实践中，教师是整个过程的核心人物。

考点6 课程目标★★

课程目标的概念	根据教育宗旨和教育规律而提出的具体价值和任务指标，是课程本身要实现的具体目标和意图
确定课程目标的依据	（1）学习者的需要（对学生的研究） （2）当代社会生活的需求（对社会的研究） （3）学科知识及其发展（对学科的研究）
布卢姆的目标分类理论	布卢姆立足于教育目标的完整性，把教育目标分为三个方面：认知领域、情感领域、动作技能领域
三维课程目标	知识与技能、过程与方法、情感态度与价值观

考点7 课程的文本形式★★【常考题型：单选】

课程的文本形式是指课程的书面表现形式，从宏观到微观，依次包括课程计划、课程标准、教材。

(一)课程计划

1. 概念

课程计划是根据一定的教育目的和培养目标，由教育行政部门制定的有关学校教育和教学工作的指导性文件。

2. 课程计划的构成

(1)教学科目的设置(课程设置)；(2)学科顺序(课程开设顺序)；(3)课时分配(教学时数)；(4)学年编制和学周安排。其中，开设哪些科目(课程设置)是课程计划的中心和首要问题。

(二)课程标准

1. 概念

课程标准是课程计划中每门学科以纲要的形式编写的、有关学科内容的指导性文件，是课程计划的分学科展开。它规定了学科的教学目标、任务，知识的范围、深度和结构，教学进度以及有关教学方法的基本要求，是编写教科书和教师进行教学的直接依据，也是衡量各科教学质量的重要标准。教师应将课程标准作为检查自己教学质量的依据。

2. 课程标准的构成

(1)前言；(2)课程目标；(3)内容标准；(4)实施建议；(5)附录。

(三)教材

1. 教材的内涵

教材是根据学科课程系统阐述学科内容的教学用书，它是知识授受活动的主要信息媒介，是课程标准的进一步展开和具体化。教材可以是印刷品，也可是音像制品。教科书是教材的主体，是学生获取系统知识的重要工具，也是教师进行教学的主要依据。

2. 教材的编排方式

教材的编排方式一般有以下三种：

方式	内容
螺旋排列式	是针对学生的接受能力，按照繁简、深浅、难易的不同程度，使一科教材的基本概念和基本原理分层次地重复出现、逐步扩展、螺旋上升的排列方式
直线排列式	是对一科教材的内容采取环环相扣、直线推进、不予重复的排列方式。这种方式的优点是能避免不必要的前后重复，节省时间，提高效率

续表

方式	内容
过渡式排列方式	是为跨入新学段和升入高年级的学生学好新知识、掌握新方法而适当提前安排有关奠基内容的编排方式

3. 教科书编写应遵循的基本原则与要求

(1)科学性与思想性统一;(2)强调内容的基础性与适用性;(3)知识的内在逻辑与教学法要求的统一;(4)理论与实践统一;(5)教科书的编排形式要有利于学生的学习;(6)注意与其他学科的纵向和横向联系。

考点8 课程实施

课程实施就是将已经编定好的课程付诸实践的过程,它是达到预期课程目标的基本途径。

有效实施课程的条件:(1)课程计划本身的特点;(2)学区的特征;(3)学校的特征;(4)校外环境。

考点9 课程评价的主要模式★★

分类	内容
目标评价模式	是美国课程评价专家、也是有着“课程评价之父”美誉的泰勒提出的,这种模式以目标为中心展开。 该评价原理可概括为以下七个步骤或阶段:(1)确定教育计划的目标;(2)根据行为和内容来界定每一个目标;(3)确定使用目标的情境;(4)设计呈现情境的方式;(5)设计获取记录的方式;(6)确定评定时使用的计分单位;(7)设计获取代表性样本的手段
目的游离评价模式	是由美国学者斯克里文针对目标评价模式的弊病而提出来的。他主张把评价的重点从“课程计划预期的结果”转向“课程计划实际的结果”上来。评价者不应受预期的课程目标的影响,尽管这些目标在编制课程时可能是有用的,但不适宜作为评价的准则

续表

分类	内容
CIPP 评价模式	是美国教育评价家斯塔弗尔比姆倡导的课程评价模式。他认为课程评价不应局限在评定目标达到的程度上，而应该是一种过程，旨在描述、取得及提供有用的资料，为判断各种课程计划、课程方案服务。该模式包括以下四个步骤：(1)背景评价；(2)输入评价；(3)过程评价；(4)成果评价

真题检测

真题 1　【2018 上半年】单项选择：学校课程有多种类型，其中最有利于学生系统掌握人类所取得的经验和科学认识的课程是(　　)

A. 学科课程　　B. 经验课程　　C. 活动课程　　D. 隐性课程

真题 2　【2018 上半年】简答：简述教材编写的基本要求。

真题 3　【2017 下半年】单项选择：在一定课程理论指导下，依据培养目标和课程方案，以纲要形式编制的关于教学科目内容、教学实施建议以及课程资源开发等方面的指导性文件是(　　)

A. 课程计划　　B. 课程标准　　C. 教学方案　　D. 教学指南

真题 4　【2017 上半年】单项选择：某沿海城市在义务教育阶段的学校全面开设海洋教育课程，这种课程属于(　　)

A. 国家课程　　B. 地方课程　　C. 校本课程　　D. 生本课程

真题 5　【2017 上半年】单项选择：学生在小学数学课程中通过测量或拼图学习三角形的内角和为 180 度，在中学数学课程中通过证明学习三角形的内角和为 180 度。这种课程内容的组织形式是(　　)

A. 直线排列式　　B. 螺旋排列式　　C. 纵向排列式　　D. 横向排列式

真题 6　【2016 下半年】单项选择：围绕着学生的需要和兴趣，以活动为组织方式的课程类型属于(　　)

A. 学科课程　　B. 经验课程　　C. 综合课程　　D. 融合课程

真题 7　【2016 下半年】简答：简述活动课程的特点。

真题 8　【2016 上半年】单项选择：校风、教风和学风是学校文化的重要构成部分，就课程类型而言，它们属于(　　)

A. 学科课程　　B. 活动课程

C. 显性课程　　D. 隐性课程

真题 9 【2015 下半年】单项选择：在教育目标的分类中，美国教育心理学家布卢姆就学生学习结果划分的三大领域是（　　）

A. 知识、技能和技巧　　B. 知识、理解和应用技能

C. 认知、情感和动作技能　　D. 认知、应用和评价功能

真题 10 【2014 上半年】单项选择：课程的文本形式一般表现为（　　）

A. 课程计划、课程标准、教科书　　B. 课程计划、课程目标、课程实施

C. 课程目标、课程实施、课程评价　　D. 课程主题、课程任务、课程标准

参考答案及解析

1. A【解析】有利于学生系统掌握人类所取得的经验和科学认识的课程是学科课程。

2. 【参考答案】(1)科学性与思想性相统一。

(2)强调内容的基础性与适用性。

(3)知识的内在逻辑与教学法要求相统一。

(4)理论与实践相统一。

(5)教科书的编排形式要有利于学生的学习。

(6)注意与其他学科的纵向和横向联系。

3. B【解析】略。

4. B【解析】地方课程是省级教育行政部门以国家课程为基础，依据当地的政治、经济、文化、民族等发展的需要而开发设计的课程。

5. B【解析】略。

6. B【解析】经验课程是指围绕着学生的需要和兴趣、以活动为组织形式的课程形态。

7. 【参考答案】(参见第 43 页“活动课程”)

8. D【解析】隐性课程是学校情境中以间接的、内隐的方式呈现的课程。学校的校风、学风，有关领导与教师的教育理念、价值观、知识观、教学风格、教学指导思想等，属于观念性隐性课程。

9. C【解析】略。

10. A【解析】课程的文本形式是指课程的书面表现形式，从宏观到微观，依次包括课程计划、课程标准、教材与教科书。

第 5 天

今日目标

1. 掌握基础教育课程改革的内容。
2. 掌握教学的一般任务。
3. 理解教学过程的基本规律(基本特点)。
4. 掌握并运用教学原则。
5. 掌握并运用教学方法。

专题一　基础教育课程改革

考点1 基础教育课程改革的理念与目标★【常考题型:单选】

(一)基础教育课程改革的理念

贯穿于第八次课程改革的核心理念是:为了中华民族的复兴,为了每位学生的发展。

新课程改革的基本理念是:走出知识传授的目标取向,确立培养"整体的人"的课程目标;破除书本知识的桎梏,构筑具有生活意义的课程内容,增强课程内容的生活化、综合性;摆脱被知识奴役的处境,恢复个体在知识生成中的合法身份,倡导教师启发引导下学生主动参与的知识生成方式和自主学习方式;改变学校个性缺失的现实,创建富有个性的学校文化。具体是:(1)促进课程的适应性和管理的民主化,创建富有个性的学校文化;(2)重建课程结构和倡导和谐发展的教育;(3)提升学生的主体性和注重学生经验。

(二)基础教育课程改革的目标

总目标	应体现时代要求
具体目标	实现课程功能的转变: 改变课程过于注重知识传授的倾向,强调形成积极主动的学习态度,使获得基础知识与基本技能的过程同时成为学生学会学习和形成正确价值观的过程

续表

具体目标	实现课程功能的转变： 改变课程过于注重知识传授的倾向，强调形成积极主动的学习态度，使获得基础知识与基本技能的过程同时成为学生学会学习和形成正确价值观的过程
	体现课程结构的均衡性、综合性和选择性： 改变课程结构过于强调学科本位、科目过多和缺乏整合的现状，整体设置九年一贯的课程门类和课时比例，并设置综合课程，以适应不同地区和学生发展的需求，体现了课程结构的均衡性、综合性和选择性
	密切课程内容与生活和时代的联系
	改善学生的学习方式： 改变课程实施过于强调接受学习、死记硬背、机械训练的现状，倡导学生主动参与、乐于探究、勤于动手，培养学生收集和处理信息的能力、获取新知识的能力、分析和解决问题以及交流与合作的能力
	建立与素质教育理念相一致的评价与考试制度： 改变课程评价过分强调甄别与选拔的功能，发挥评价促进学生发展、教师提高和改进教学实践的功能
	实行三级课程管理制度： 实行国家、地方、学校三级课程管理，增强课程对地方、学校及学生的适应性

考点2 基础教育课程改革的内容★★★【常考题型：单选、简答】

(一)重建课程结构

(1)整体设置九年一贯义务教育阶段课程，构建分科课程与综合课程相结合的课程结构。小学阶段以综合课程为主；初中阶段设置分科与综合相结合的课程；高中阶段以分科课程为主。

(2)从小学三年级至高中设置综合实践活动并作为必修课。其内容主要包括：信息技术教育、研究性学习、社区服务与社会实践、劳动技术教育。

(二)制定国家课程标准

国家课程标准是国家对基础教育课程的基本规范和质量要求。它是教材编写、教学、评估和考试命题的依据，也是国家管理和评价课程的基础，应体现国家对不同阶段的学生在知识与技能、过程与方法、情感态度与价值观等方面的基本要求。

（三）改善课程实施（教学）过程

（1）教师是教学过程的组织者和引导者；（2）学生是学习的主人；（3）教材是教学内容的重要载体；（4）加强师生的相互交流和沟通。

（四）规范教材的开发与管理

（1）完善管理制度；（2）强化教材质量；（3）严格审定制度。

（五）建立发展性评价体系

（1）学生发展评价：建立旨在促进学生全面发展的评价体系。

（2）教师发展评价：建立旨在促进教师不断提高的评价体系。

（3）课程发展评价：建立旨在不断促进课程发展的评价体系。

（4）改善和完善考试制度。

（六）实行三级课程管理政策

（1）教育部的职责：宏观指导基础教育课程改革。

（2）省级教育行政部门的职责：按照国家课程计划的要求，根据本地区实际需要，制订本省（自治区、直辖市）各个教育阶段实施国家课程的计划，并报教育部基础教育司备案。

（3）学校的职责：具体实施方案的编制，开发或选用适合本校的课程。

> **温馨提示**
>
> 基础教育课程改革的内容是重要知识点，也是历年常考点，常以单项选择题的形式进行考查，考生需准确掌握。

考点3　基础教育课程改革的发展趋势★

（1）以学生发展为本、促进学生全面发展与培养个性相结合。

（2）稳定并加强基础教育（课程的社会化、生活化和能力化，加强实践性，由“双基”到“四基”）。

（3）加强道德教育和人文教育，促进课程科学性与人文性融合。

（4）加强课程综合化。

（5）课程与现代信息技术相结合，加强课程个性化和多样化。

（6）课程法制化。

专题二 教学概述

考点4 教学的概念及其意义★★★【常考题型:辨析】

(一)教学的概念

教学是在一定教育目的规范下,教师的教和学生的学共同组成的传递和掌握社会经验的双边活动。它是教师有目的、有计划、有组织地指导学生掌握系统的科学文化知识和技能,发展智力、体力,陶冶品德、美感,形成全面发展的个性活动。

教学的特点有:(1)教学以培养全面发展的人为根本目的;(2)教学由教与学两方面组成,教学是师生双方的共同活动;(3)学生的认识活动是教学的重要组成部分;(4)教学具有多种形态,是共性与多样性的统一。

(二)教学工作的意义

教学是贯彻教育方针,实施全面发展教育,实现教育目的的基本途径。具体如下:

(1)教学是传播系统知识、促进学生发展的最有效的形式,是社会经验的再生产、适应并促进社会发展的有力手段。

(2)教学是进行全面发展教育、实现培养目标的基本途径,为个人全面发展提供科学的基础和实践,是培养学生个性全面发展的重要环节。

(3)教学是学校教育的中心工作,学校教育工作必须坚持以教学为主(教学的地位)。教学是学校教育的中心工作,学校教育工作必须坚持"教学为主,全面安排"的原则。

考点5 教学的一般任务★★★【常考题型:辨析】

(1)引导学生掌握科学文化基础知识和基本技能。

(2)发展学生智能,特别是培养学生的创新精神和实践能力。

(3)发展学生体能,提高学生身心健康水平。

(4)培养学生高尚的审美情趣和审美能力。

(5)培养学生形成良好的道德品质和个性心理特征,形成科学的世界观。

专题三　教学过程

考点6 教学过程概述★★【常考题型:单选】

(一)教学过程的概念及构成要素

教学过程是教师根据一定社会的要求和学生身心发展的特点,通过有目的、有计划地指导学生掌握系统的科学文化基础知识和基本技能,发展学生的智力和体力,培养学生的良好品德和健康个性,使其形成科学世界观的过程。

一般认为,教师、学生、教学内容和教学手段是构成教学过程的基本要素。教师是构成教学过程不可缺少的、起主导作用的因素。

(二)教学过程的本质

1. 教学过程主要是一种认识过程

教学过程的主要矛盾是学生与其所学的知识之间的矛盾(教师提出的教学任务同学生完成这些任务的需要、实际水平之间的矛盾)。

2. 教学过程是一种特殊的认识过程

教学过程的特殊性在于:(1)认识对象的间接性与概括性;(2)认识方式的简捷性与高效性;(3)教师的引导性、指导性与传授性(有领导的认识);(4)认识的交往性与实践性;(5)认识的教育性与发展性。

3. 教学过程以认识活动为基础,是促进学生身心发展的过程

教学过程是实现发展的途径和手段,学生在掌握知识的教学过程中,也在实现着其身心的全面发展。

考点7 教学过程的基本规律(基本特点)★★【常考题型:单选】

(一)学生认识的特殊性规律(直接经验与间接经验相统一的规律)

(1)以间接经验为主是教学活动的主要特点。

(2)学生学习间接经验要以直接经验为基础。

(3)贯彻直接经验与间接经验相统一的规律,要防止两种倾向:一种是过分强调书本知识的传授和学习,忽视引导学生通过实践活动、亲身参与、独立探索去积累经验、获取知识的倾向;一种是只强调学生通过自己探索去发现、积累知识,忽视书本知识的学习和教师的系统讲授。应该将直接经验与间接经验有机结合起来。

(二)掌握知识与发展智力相统一的规律(发展性规律)

1. 知识和智力是两个不同的概念(区别)

知识是人们对客观世界的认识,智力是人们认识客观事物的基本能力。知识的多少与才能的高低并不等同,知识和运用知识的能力也并不相同,智力并不完全是随着知识的掌握而自然发展起来的。

2. 传授知识与发展智力二者是相互统一和相互促进的(联系)

(1)传授知识与发展智力这两个教学任务统一在同一个教学活动之中,统一在同一个认识主体的认识活动之中。

(2)知识是发展智力的基础。

(3)发展智力又是掌握知识的重要条件。

3. 要使知识的掌握真正促进智力的发展是有条件的

(1)传授给学生的知识应是规律性的知识。

(2)一定时间范围内所学知识的量要适当,不能过多。

(3)采用启发式教学。

(4)培养学生良好的个性,重视学生的个别差异,注重因材施教。

4. 贯彻掌握知识和发展智力相统一的规律,要防止两种倾向

在整个教学过程中,我们既不能像形式教育论者那样,只强调训练学生的思维形式,忽视知识的传授;也不能像实质教育论者那样,只向学生传授对实际生活有用的知识,忽视对学生认识能力的训练。在教学中,只有把二者有机地结合起来,才能提高教学质量。

(三)教师主导作用与学生主体作用相统一的规律(双边性规律)

(1)充分发挥教师的主导作用。

(2)充分发挥学生主体参与教学的能动性。

(3)教师的主导作用和学生主体作用之间的关系是:

①教师和学生的作用是不可分割的。发挥教师的主导作用并不意味着制约学生的主动性。相反,发挥教师的主导作用,就是要更好地发挥学生的主动精神。同样,发挥学生的主动性又离不开教师的主导作用。

②教师的主导作用和学生的主体作用是相互促进的。教师的主导作用要依赖于学生主体作用的发挥。学生学习的主动性、积极性越高,说明教师的主导作用发挥得越好。反过来,学生主体作用要依赖于教师的主导作用来实现。只有教师、学生两方面互相配合,才能

收到最佳的教学效果。

(4)贯彻教师主导作用与学生主体作用相统一的规律,要防止两种倾向:在教学过程中,既不能只重视教师的作用,忽略学生学习的主动性和创造性,也不能只强调学生的作用,使学生陷入盲目探索状态,学不到系统的知识,要把二者有机地结合起来。

(四)传授知识与思想品德教育相统一的规律(教育性规律)

(1)知识是思想品德形成的基础。

(2)思想品德的提高为学生积极地学习知识提供动力。

(3)贯彻传授知识和思想品德教育相统一的规律时,必须注意的问题。在教学中要防止两种倾向:一种是脱离知识进行思想品德教育;一种是只强调传授知识,忽视思想品德教育。

考点8 教学过程的基本阶段

教学过程的基本阶段即教学过程的结构。教学过程大致分为以下五个阶段:

激发学习动机—领会知识(教学过程的中心环节)—巩固知识—运用知识—检查知识。

专题四　教学原则与教学方法

考点9 教学原则★★★【常考题型:单选、辨析、简答、材料分析】

(一)教学原则的概念

教学原则是根据一定的教学目的和教学过程规律而制定的指导教学工作的基本准则。

(二)我国目前中学主要的教学原则

1.思想性(教育性)和科学性相统一原则

(1)思想性(教育性)和科学性相统一原则的概念

该原则是指教学要以马克思主义为指导,授予学生科学知识,并结合知识教学对学生进行社会主义品德和正确人生观、科学世界观的教育。

(2)贯彻此原则的要求

①教师要保证教学的科学性;②教师要结合教学内容的特点进行思想品德教育;③教师要通过教学活动的各个环节对学生进行思想品德教育;④教师要不断提高自己的业务能力和思想水平。

2. 理论联系实际原则

(1)理论联系实际原则的概念

该原则是指教师在教学中,应使学生从理论与实际的结合中来理解和掌握知识,并引导他们运用新获得的知识去解决各种实际问题,培养他们分析问题和解决问题的能力。

(2)贯彻此原则的要求

①重视书本知识的教学,在传授知识的过程中注重联系实际;②重视引导和培养学生运用知识的能力;③加强教学的实践性环节,逐步培养与形成学生综合运用知识的能力,进行"第三次学习";④正确处理知识教学与能力训练的关系;⑤补充必要的乡土教材。

3. 直观性原则

(1)直观性原则的概念

该原则是指在教学活动中,教师应尽量利用学生的多种感官和已有的经验,通过各种形式的感知,使学生获得生动的表象,从而比较全面、深刻地掌握知识。这一原则是根据学生的年龄特征提出的。

(2)直观的种类

直观的种类	概述
实物直观	它是指通过各种实物进行的,包括观察各种实物、标本、实习、实验、教学性参观等
模像直观	它是指通过各种实物的模拟形象而进行的,包括图片、表格、模型、幻灯片、录像带等
言语直观	它是通过教师形象化的语言描述进行的。教师在直观手段的使用上,要有明确的目的性和必要性,直观材料要有典型性

(3)贯彻此原则的要求

①要正确选择直观教具和教学手段;②将直观教具的演示与语言讲解结合起来;③要重视运用言语直观。

4. 启发性原则

(1)启发性原则的概念

该原则是指在教学活动中,教师要调动学生的主动性和积极性,引导他们通过独立思考、积极探索,生动活泼地学习,自觉地掌握科学知识,提高分析问题和解决问题的能力。

(2)贯彻此原则的要求

①加强学习的目的性教育,调动学生学习的主动性;②设置问题情境,启发学生独立思

考，培养学生良好的思维方法和思维能力；③让学生动手，培养独立解决问题的能力，鼓励学生将知识创造性地运用于实际；④发扬教学民主，它包括：建立民主、平等的师生关系和生生关系，创造民主、和谐的教学气氛，鼓励学生发表不同见解，允许学生向教师提出质疑等。

5. 循序渐进原则

循序渐进原则在西方常称为系统性原则，是指教师要严格按照科学知识的内在逻辑和学生的认知发展规律进行教学，使学生掌握系统的科学文化知识，能力得到充分的发展。

6. 巩固性原则

(1)巩固性原则的概念

该原则是指教师在教学中要引导学生在理解的基础上牢固地掌握基本知识和基本技能，而且在需要的时候，能够准确无误地呈现出来，以利于知识技能的利用。

(2)贯彻此原则的要求

①要在教学的全过程中加强知识的巩固；②组织好学生的复习工作，教会学生记忆的方法；③通过扩充、改组和运用知识的过程来巩固知识。

7. 因材施教原则

(1)因材施教原则的概念

该原则是指教师在教学中，要从课程计划、学科课程标准的统一要求出发，面向全体学生，同时又要根据学生的个别差异，有的放矢地进行有差别的教学，使每个学生都能扬长避短，获得最佳的发展。

(2)贯彻此原则的要求

①要坚持课程计划和学科课程标准的统一要求；②教师要了解学生，从实际出发进行教学；③教师要善于发现每个学生的兴趣、爱好，并创造条件，尽可能使每个学生的不同特长都得以发挥。

8. 量力性原则

(1)量力性原则的概念

量力性原则，也称可接受性原则，是指教学的内容、方法、分量和进度要适合学生的身心发展，使他们能够接受，但又要有一定的难度，需要他们经过努力才能掌握，以促进学生的身心发展。

(2)贯彻此原则的基本要求

①了解学生的发展水平，从实际出发进行教学；②考虑学生认识发展的时代特点。

巧学妙记

教学原则的记忆可以采用以下小妙招：

冯巩找阴(因)凉(量)，寻(循)思理直发

考点10　教学方法★★★【常考题型：单选、辨析、简答、材料分析】

教学方法是指教师和学生为了完成教学任务、实现教学目标而采取的共同活动方式，是教师引导学生掌握知识技能、获得身心发展而共同活动的方法。

依据指导思想不同，各种教学方法可归并为两大类：注入式和启发式，这是两种根本对立的教学方法指导思想。

常用的教学方法有以下几类：

(一)以语言传递为主的教学方法

方法	主要内容
讲授法	教师运用口头语言系统连贯地向学生传授知识、技能，发展学生智力的教学方法，分讲读、讲述、讲解和讲演四种 优点：可以充分发挥教师的主导作用 缺点：不易发挥学生的主动性和积极性，不利于因材施教，容易造成"填鸭式""满堂灌"的教学效果
谈话法	教师和学生相互交谈，以引导学生根据已有的知识和经验，通过独立思考去获得新知识的教学方法 优点：能够照顾到每个学生的特点，充分激发学生的思维活动，有利于发展学生的语言表达能力；并使教师通过谈话直接了解学生的学习程度，及时检验自己的教学效果，从而提出一些补救措施来弥补学生的知识缺陷，开拓学生的思路，使学生保持注意和兴趣
讨论法	全班或小组成员在教师的指导下，围绕某一中心问题发表自己的看法和见解，从而进行相互学习的一种方法
读书指导法	读书指导法是指教师指导学生通过阅读教科书和其他参考书，以获得知识、巩固知识、培养学生自学能力的一种方法

(二)以直观感知为主的教学方法

方法	主要内容
演示法	指教师通过展示实物、教具和示范性的实验来说明、印证某一事物和现象,使学生掌握新知识的一种教学方法 演示所使用的工具可分为四大类:实物、标本、模型、图片的演示;图表、示意图、地图的演示;实验演示;幻灯片、电影、录像的演示。演示法体现了直观性、理论联系实际的教学原则
参观法	又称现场教学,是教师根据教学目的和要求,组织学生进行实地考察、研究,使学生获取新知识,巩固、验证旧知识的一种教学方法

(三)以实际训练为主的教学方法

以实际训练为主的教学方法主要有练习法、实验法、实习作业法、实践活动法四种。

方法	主要内容
练习法	学生在教师的指导下巩固知识,培养各种技能和技巧的基本教学方法
实验法	教师引导学生使用一定的仪器和设备,进行独立操作,以引起某些事物和现象产生变化,从而使学生获得直接经验,培养学生技能和技巧的教学方法 常用于物理、化学、生物等自然学科的教学
实习作业法	指教师根据学科课程标准的要求,指导学生运用所学知识在课上或课外进行实际操作,将知识运用于实践的教学方法 这种方法在自然学科的教学中占有重要的地位,如数学课的测量练习、生物课的植物栽培和动物饲养等
实践活动法	指让学生参加社会实践活动,培养学生解决实际问题的能力和多方面实践能力的教学方法

(四)以引导探究为主的教学方法

以引导探究为主的教学方法,是指教师组织和引导学生通过独立的探究和研究活动而获得知识的方法,主要是发现法。

发现法又称探索法、研究法，是指学生在教师指导下，对所提出的课题和所提供的材料进行分析、综合、抽象和概括，自行发现并掌握相应的原理和结论的一种教学方法。

(五)以情感陶冶(体验)为主的教学方法

以情感陶冶(体验)为主的教学方法主要包括欣赏教学法和情境教学法两种。

方法	主要内容
欣赏教学法	在教学过程中指导学生体验客观事物的真善美的一种教学方法
情境教学法	在教学过程中，教师有目的地引入或创设具有一定情绪色彩的生动具体的场景，以引起学生一定的情感体验，从而帮助学生理解教材，并使学生的心理机能得到发展的教学方法

真题检测

真题1 【2018 上半年】**辨析**：教学是学校实现教育目的的基本途径。

真题2 【2018 上半年】**单项选择**：再生产科学所必要的劳动时间，同最初生产科学所需要的劳动时间是无法相比的。例如，学生在一个小时内就能学会二项式定理。这表明教学活动具有(　　)

A. 引导性　　B. 简捷性

C. 直接性　　D. 实践性

真题3 【2017 下半年】**单项选择**：2001 年，教育部颁布的《基础教育课程改革纲要(试行)》规定，我国普通高中阶段的课程设置方式是(　　)

A. 以分科课程为主　　B. 分科课程和综合课程相结合

C. 以综合课程为主　　D. 活动课程和学科课程相结合

真题4 【2017 下半年】**简答**：简述综合实践活动包括的主要领域。

真题5 【2017 上半年】**简答**：我国新一轮基础教育课程改革的具体目标有哪些?

真题6 【2016 下半年】**辨析**：教学的任务就是向学生传授知识。

真题7 【2016 下半年】**单项选择**：在一堂化学课上，张老师利用分子模型和挂图，帮助学生认识乙醛的分子结构。张老师采用的教学方法是(　　)

A. 实验法　　B. 练习法

C. 作业法　　D. 演示法

真题8 【2016 下半年】**材料分析**：田雨从一所师范大学毕业后，被某中学录用为语文教师，上岗后，她精神饱满、信心十足，相信只要积极学习优秀教师的经验就能够成为一名好教师。在教学中，田雨虚心向老教师请教，向同事学习，还经常观看精品课程视频。然而，期中教学检查后，她的教学效果并不理想，学生与同事们对她的评价都很一般。这令田雨十分不解，甚是苦恼：自己是师范大学毕业的，对工作非常敬业，并努力将优秀教师的经验运用到自己的教学中，可为什么就没有取得理想的教学效果呢？她陷入了深深的迷惘中……

问题：

（1）结合材料分析田雨没能取得良好的教学效果的主要原因。

（2）向田雨提出改进教学的建议。

真题 9　【2016 上半年】单项选择：根据我国《基础教育课程改革纲要（试行）》的规定，我国中小学课程设置“综合实践活动”，开设的学段是（　　）

A. 小学一年级至高中　　B. 小学三年级至高中

C. 小学五年级至高中　　D. 初中一年级至高中

真题 10　【2016 上半年】单项选择：王老师在化学课上讲到元素周期表中的“镭”元素时，向学生介绍了“镭”的发现者居里夫人献身科学的事迹，同学们深受教育。这体现了哪一教学原则（　　）

A. 理论联系实际的原则　　B. 思想性和科学性相统一的原则

C. 启发性原则　　D. 发展性原则

真题 11　【2015 下半年】单项选择：在我国新一轮基础教育课程改革中，要求义务教育课程实行（　　）

A. 六三分段设置　　B. 五四分段设置

C. 九年整体设置　　D. 多种形式设置共存

真题 12　【2015 下半年】单项选择：罗老师讲解《观潮》这篇课文时，通过播放视频，让学生真切感受到钱塘江大潮的雄伟壮观。他在教学中贯彻了（　　）

A. 直观性原则　　B. 科学性和思想性相结合原则

C. 循序渐进原则　　D. 巩固性原则

参考答案及解析

1.【参考答案】（参见第 57 页“教学工作的意义”）

2. B【解析】教学活动具有简捷性。学生通过间接知识认识世界，可以减少探索的实践，避免探索的弯路，尽快地掌握人类的文化精华。

3. A【解析】略。

4.【参考答案】综合实践活动课是基于学生直接经验，密切联系学生自身生活和社会生活，体现对知识的综合运用的课程形态。主要领域包括：(1)信息技术教育；(2)研究性学习；(3)社区服务与社会实践；(4)劳动与技术教育。

5.【参考答案】(参见第54页“基础教育课程改革的目标”)

6.【参考答案】这种说法是不正确的。

7. D【解析】演示法是指教师通过展示实物、教具和示范性的实验来说明、印证某一事物和现象，使学生掌握新知识的一种教学方法。题干中的张老师利用分子模型和挂图帮助学生理解教学内容，体现了对演示法的运用。

8.【参考答案】(1)主要原因有盲从优秀教师的教学经验、违背了教师主导作用与学生主体作用相统一的教学规律等。(2)建议：田雨老师应在教学工作中经常进行教学反思、坚持教师主导作用与学生主体作用的统一等。

9. B【解析】略。

10. B【解析】王老师在授予学生科学知识的同时，又结合居里夫人的事迹对学生进行思想教育，这体现了思想性和科学性相统一的原则。

11. C【解析】略。

12. A【解析】略。

第 6 天

今日目标

1. 理解教学工作的基本环节。

2. 掌握教学评价的基本类型。

专题一　教学组织形式与教学工作的基本环节

考点 1　教学组织形式★★【常考题型:单选】

(一)教学组织形式的概念

教学组织形式是指教学活动中教师与学生为实现教学目标所采用的社会结合方式。教学组织形式是教学的空间结构和时间序列的统一。在教学史上先后出现的影响较大的教学组织形式有个别教学制、班级授课制、分组教学和道尔顿制等。其中,个别教学制是古代学校的主要教学形式。

(二)现代教学的基本组织形式——班级授课制

课堂教学的主要形式是班级授课制。它是把学生按年龄和文化程度分成固定人数的班级,教师根据课程计划和规定的时间表进行教学的一种组织形式。

1632 年,捷克教育家夸美纽斯出版的《大教学论》最早从理论上对班级授课制做了阐述,为班级授课制奠定了理论基础。

班级授课制的基本特点:(1)以班为单位集体授课,学生人数固定;(2)按课教学;(3)按时授课。

班级授课制的优点:(1)有利于经济有效地大面积培养人才,提高教学效率;(2)它以“课”为教学活动单元,能保证学习活动循序渐进,有利于学生获得系统的科学知识;(3)有利于发挥教师的主导作用;(4)有利于发挥学生集体的教育作用;(5)有利于学生德、智、体多方面的发展;(6)有利于进行教学管理和教学检查。

班级授课制的不足:(1)不利于学生主体性的发挥;(2)不利于培养学生的探索精神、创造能力和实际操作能力;(3)不能很好地适应教学内容和教学方法的多样化;(4)不利于因材施教,难以满足学生个性化的学习需要;(5)不利于学生之间真正的交流和启发;(6)以“课”

为基本的教学活动单位，某些情况下会割裂内容的整体性。

(三)现代教学的辅助形式——个别教学与现场教学

个别教学是教师针对不同学生的情况进行个别辅导的教学组织形式。它是班级授课制的一种辅助形式。

现场教学是指教师把学生带到事物发生、发展的现场进行教学活动的形式。它可以以班级为单位，也可以以小组或个人为单位，通常需要有关现场人员的参加。

(四)现代教学的特殊组织形式——复式教学

复式教学是把两个或两个以上不同年级的学生编在一个教室里，由一位教师分别用不同的教材在一节课里对不同年级的学生进行教学的一种特殊组织形式。它适用于学生少、教师少、校舍和教学设备较差的农村以及偏远地区。

(五)其他教学组织形式

组织形式	概述
分组教学	在按年龄编班或取消按年龄编班的基础上，根据学生的能力、成绩分组进行编班的教学组织形式 其类型有外部分组和内部分组、能力分组和作业分组等 优点：(1)分组教学比班级上课更适应学生个人的水平和特点，便于因材施教，有利于人才的培养；(2)便于学生的交流合作；(3)有助于学生组织能力、管理能力、表达能力以及问题解决能力的培养；(4)有利于学生在与小组成员的竞争与合作中，强化自己的学习动机
贝尔—兰喀斯特制	也称为导生制，是由英国人贝尔和兰喀斯特创始的，这种教学组织形式仍以班级为基础，但教师不直接面向班级全体学生，教师先把教学内容教给年龄较大的学生，而后由他们中间的佼佼者——导生去教年幼的或成绩较差的其他学生
道尔顿制	创始人：美国教育家柏克赫斯特 特点：教师不再讲授，只为学生制定自学参考书、布置作业，由学生自学和独立完成作业后，向老师汇报学习情况和接受考查 优点：有利于调动学生学习的主动性，培养他们的学习能力和创造才能

续表

组织形式	概述
特朗普制	创始人:美国教育家劳伊德·特朗普 这种教学形式把大班教学、小班研究和个别教学三种教学形式结合起来 特朗普制具有班级授课制的优点,也有个别教学的长处,但管理起来比较麻烦

考点2 教学工作的基本环节★★★【常考题型:单选、简答】

(一)备课

1. 概念

备课就是教师根据学科课程标准的要求和本门课程的特点,结合学生的具体情况,选择最合适的表达方法和顺序,以保证学生有效地学习。备课分个人备课和集体备课两种。个人备课是教师自己钻研学科课程标准和教材的活动。集体备课是由相同学科和相同年级的教师共同钻研教材,解决教材的重点、难点和教学方法等问题的活动。

备好课是教好课的前提。

2. 备课的要求

(1)教师备课要做好三方面的工作,即钻研教材、了解学生、设计教法,也即备教材、备学生、备教法;(2)备课要写好三种计划:学年(或学期)教学计划、课题(或单元)计划、课时计划(教案)。

(二)上课

1. 概念

上课是整个教学工作的中心环节,是教师教和学生学的最直接的体现,是提高教学质量的关键。

2. 课的类型

分类依据	类型
教学的任务	传授新知识课(新授课)、巩固新知识课(巩固课)、技能技巧课(技能课)和检查知识课(检查课)
一节课所完成任务的类型数	单一课和综合课
使用的主要教学方法	讲授课、演示课、练习课、实验课和复习课

3. 课的结构

一般来说，课的基本组成部分有组织教学、检查复习、讲授新教材、巩固新教材、布置课外作业等。其中，组织教学并不只在上课开始时进行，而是贯穿在教学过程的各个环节中，直到下课。

4. 上好一节课的标准

(1)要使学生的注意力集中；(2)要使学生的思维活跃；(3)要使学生积极参与到课堂中来；(4)要使个别学生得到照顾。

5. 上好课的基本要求

(1)教学目标明确；(2)教学内容准确；(3)教学结构合理；(4)教学方法适当；(5)讲究教学艺术；(6)板书有序；(7)充分发挥学生的主体性(最根本的要求)。

(三)作业的布置与反馈

布置课外作业的要求：

(1)作业内容符合课程标准的要求；(2)考虑不同学生的能力需求；(3)分量适宜、难易适度；(4)作业形式多样，具有多选性；(5)要求明确，规定作业完成时间；(6)作业反馈清晰、及时；(7)作业要具有典型意义和举一反三的作用；(8)作业应有助于启发学生的思维，含有鼓励学生独立探索并进行创造性思维的因素；(9)尽量同现代生产和社会生活中的实际问题结合起来，力求理论联系实际。

(四)课外辅导

课外辅导是上课的必要补充，是适应学生个别差异、贯彻因材施教的重要措施。

课外辅导的内容：(1)帮助学生解答疑难问题，指导学生做好作业；(2)为基础差和因事、因病缺课的学生补课；(3)为成绩特别优异的学生做个别辅导；(4)对学生进行学习方法上的辅导；(5)对学生进行学习目的和学习态度的教育。

(五)学业成绩的检查与评定

检查学生学业成绩的方法是多种多样的。常用的检查方式有两大类：平时考查和考试。

平时考查的方式主要有口头提问、检查书面作业和单元测验等。

考试是对学生知识、技能等进行总结性检查时所采用的一种方式。它通常在学习告一段落后，为了系统地检查和衡量学生所学知识、技能等方面的情况，在期中、期末和毕业时进行。

专题二　教学评价

考点③ 教学评价的概念

教学评价是指以教学目标为依据，通过一定的标准和手段，对教学活动及其结果给予价值上的判断，即对教学活动及其结果进行测量、分析和评定的过程。

教学评价主要包括对学生学习结果的评价和对教师教学工作的评价，也可以划分为学生学业评价、课堂教学评价和教师评价。

考点④ 教学评价的基本类型★★【常考题型：单选】

划分角度和标准	类型	概述
教学评价的作用	诊断性评价	在学期开始或一个单元教学开始时，为了了解学生的学习准备状况及影响学习的因素而进行的评价。诊断性评价又称准备性评价，它包括各种通常所称的摸底考试
	形成性评价	在教学过程中为改进和完善教学活动而进行的对学生学习过程及结果的评价。它包括在一节课或一个课题的教学中对学生的口头提问和书面测验
	总结性评价	也称为终结性评价，是在一个大的学习阶段、一个学期或一门课程结束时对学生学习结果的评价。常在学期中或学期末进行
评价主体	内部评价	也就是自我评价，指由课程设计者或使用者自己实施的评价 优点：有较高的准确性，有利于及时自我反馈、调节 缺点：主观性大，容易出现评价偏高或偏低的趋向
	外部评价	被评价者之外的专业人员对评价对象进行明显的统计分析或文字描述 优点：更为客观真实，更容易看到成绩与问题所在 缺点：要求比较严格，组织工作比较难，花费的人力、财力也比较多

续表

划分角度和标准	类型	概述
评价采用的标准	相对性评价	又称为常模参照性评价，是运用常模参照性测验对学生的学习成绩进行的评价，它主要依据学生个人的学习成绩在该班学生成绩序列或常模中所处的位置来评价和决定他的成绩的优劣，而不考虑其是否达到教学目标的要求 优点：甄选性强 缺点：不能明确表示学生的真正水平
	绝对性评价	又称为目标参照性评价（标准参照评价），是运用目标参照性测验对学生的学习成绩进行的评价。它主要依据教学目标和教材编制试题来测量学生的学业成绩，判断学生是否达到了教学目标的要求，而不以评定学生之间的差异为目的 优点：可衡量学生实际水平 缺点：不适用于甄选人才
	个体内差异评价	对被评价者的过去和现在进行比较，或将评价对象的不同方面进行比较 优点：充分体现了尊重个体差异的因材施教原则 缺点：不易给评价对象提供明确目标

考点5 教学评价的功能

功能	内涵
导向功能	通过建立某种评价指标和标准，实现教学目标的要求
诊断功能	对教学现状进行一次严谨的科学诊断，以便为进行的决策或改进指明方向
激励功能	经常进行记录成绩的测验对学生的学习动机具有很大的鼓舞作用

续表

功能	内涵
调节功能	提供有关教学活动的反馈信息,从而调节教与学的活动
教学功能	能够使学生的知识技能获得长进,甚至产生质的飞跃
发展功能	突出评价的过程性,通过对学生发展过程的关注和引导,改进教学,促进学生的发展
管理功能	教育管理部门和教育机构都会把教学评价的结果当作对教师和学生进行有效分流的根据之一,并据此调整学校教育发展的布局、方向和改进教育教学活动

真题检测

真题 1　【2017 上半年】单项选择:李老师在语文课上,按照组织教学、检查复习、讲授新教材、巩固新教材、布置课外作业的程序进行教学。这体现了哪一类型课的结构(　　)

A. 单一课　　B. 综合课

C. 练习课　　D. 复习课

真题 2　【2016 下半年】单项选择:根据学生个人成绩在该班学生成绩序列中所处的位置来判定其成绩的优劣,而不考虑其是否达到教学目标的要求。这种教学评价属于(　　)

A. 诊断性评价　　B. 绝对性评价

C. 总结性评价　　D. 相对性评价

真题 3　【2016 上半年】单项选择:陈老师在教学中经常通过口头提问、课堂作业和书面测验等形式对学生的知识和能力进行及时测评与反馈,这种教学评价被称为(　　)

A. 诊断性评价　　B. 相对性评价

C. 终结性评价　　D. 形成性评价

真题 4　【2015 下半年】简答:教师备课的基本要求有哪些?

真题 5　【2013 下半年】单项选择:把大班上课、小班讨论、个人独立研究结合在一起,并采用灵活的时间单位代替固定划一的上课时间,以大约 20 分钟为一个课时。这种出现于美国 20 世纪 50 年代的教学组织形式是(　　)

A. 文纳特卡制　　B. 活动课时制

C. 道尔顿制　　D. 特朗普制

参考答案及解析

1. B【解析】在实际的教学中，有时一节课只完成一个任务，有时一节课则需完成多项任务，所以根据一节课所完成任务的类型数，可分为单一课和综合课。题干描述的是综合课。

2. D【解析】相对性评价又称为常模参照性评价，是运用常模参照性测验对学生的学习成绩进行的评价，它主要依据学生个人的学习成绩在该班学生成绩序列或常模中所处的位置来评价和判定他的成绩的优劣，而不考虑是否达到教学目标的要求。

3. D【解析】形成性评价是在教学过程中为改进和完善教学活动而进行的对学生学习过程及结果的评价。它包括在一节课或一个课题的教学中对学生的口头提问和书面测验。

4.【参考答案】(1)教师备课要做好三方面的工作，即钻研教材、了解学生、设计教法，也即备教材、备学生、备教法；(2)写好三种计划，即学年(或学期)教学计划、课题(或单元)计划、课时计划(教案)。

5. D【解析】略。

第 7 天

今日目标

1. 理解感觉的特性。
2. 理解知觉的基本特性。
3. 理解注意的品质。
4. 掌握记忆的分类及过程。
5. 理解思维与问题解决。

专题 认知过程

考点1 感觉★★【常考题型:单选】

感觉是人脑对直接作用于感觉器官的客观事物的个别属性的反映,是认识的起点。

(一)感觉的种类

种类	概述
外部感觉	感受外部刺激,反映外部事物个别属性的感觉 主要分为视觉、听觉、嗅觉、味觉和肤觉五大类
内部感觉	感受内部刺激,反映机体内部变化的感觉 主要分为机体觉、平衡觉和运动觉

(二)感觉的特性

温馨提示

感觉的特性是重要知识点,其中感受性与感觉阈限是易错易混点,二者的主要区别是:感受性是一种能力;感觉阈限则是刺激量的范围。另外,感觉适应、感觉对比及联觉等也是高频考点,常出单项选择题,考生需准确记忆。

<table>
<tr><th>感觉的特性</th><th colspan="2">概述</th></tr>
<tr><td>感受性</td><td>感觉器官对适宜刺激的感觉能力</td><td rowspan="2">感受性与感觉阈限的关系：
感受性与感觉阈限在数值上成反比关系，感受性高，则感觉阈限低；反之，感受性低，则感觉阈限高
刚刚能引起感觉的最小刺激强度叫绝对感觉阈限；而人的感官觉察这一最小刺激强度的能力叫绝对感受性
对两个同类的刺激物，只有达到一定的差异强度才能引起人们的差异感觉。刚刚能引起差别感觉的刺激物间的最小差异量叫差别感觉阈限，又称最小可觉差；能够感受刺激之间这一最小差异量的能力叫差别感受性</td></tr>
<tr><td>感觉阈限</td><td>刚刚能引起感觉或差别感觉的刺激量</td></tr>
<tr><td>感觉适应</td><td colspan="2">由于刺激对感受器的持续作用而使感受性发生变化的现象
视觉的适应可分为暗适应和明适应
暗适应：指照明停止或由亮处转入暗处时视觉感受性提高的过程。明适应：指照明开始或由暗处转入亮处时视觉感受性下降的过程</td></tr>
<tr><td>感觉对比</td><td colspan="2">同一感受器接受不同的刺激，而使感受性发生变化的现象</td></tr>
<tr><td>感觉后像（感觉后效）</td><td colspan="2">在刺激作用停止后暂时保留的感觉现象</td></tr>
<tr><td>感觉补偿</td><td colspan="2">某种感觉系统的机能丧失后，由其他感觉系统的机能来弥补</td></tr>
<tr><td>联觉</td><td colspan="2">一种感觉兼有另一种感觉的心理现象</td></tr>
</table>

考点2 知觉★★【常考题型：单选】

（一）概念

知觉是在感觉的基础上产生的，是人脑对直接作用于感觉器官的客观事物整体属性的反映。

（二）知觉的种类

根据知觉过程中起主导作用的分析器不同，可以把知觉分为视知觉、听知觉、嗅知觉、触知觉等；根据人脑反映的对象的不同，可以把知觉分为物体知觉和社会知觉。

1. 物体知觉的种类

种类	概述
空间知觉	指物体的空间特性在人脑中的反映，包括形状知觉、大小知觉、深度知觉、方位知觉等
时间知觉	对客观事物时间关系（即事物运动的速度、延续性和顺序性）的反映
运动知觉	对物体在空间位置移动的知觉，直接依赖于对象运动的速度，分为真正运动的知觉和似动知觉

2. 社会知觉

社会知觉是个体在生活实践中，对别人、对群体以及对自己的知觉，也叫社会认知。它包括对别人的知觉、自我知觉、人际知觉三部分。

社会知觉产生的偏差：

类别	概念	举例
社会刻板印象	对一群人的特征或动机加以概括，把概括得出的群体的特征归属于团体中的每一个人，认为他们每个人都具有这种特征，而无视团体成员的个体差异	人们倾向于认为教师是儒雅的、知识渊博的
晕轮效应（光环效应）	当我们认为某人具有某种特征时，就会对他的其他特征做相似判断	学生认为外表有魅力的老师教学能力也强
首因效应（最初效应）	在总体印象形成上最初获得的信息比后来获得的信息影响更大的现象	人们交往时很注重第一印象
近因效应（最近效应）	在总体印象形成上，新近获得的信息比原来获得的信息影响更大的现象	多年不见的朋友，在自己脑海中的印象最深的其实就是临别时的情景
投射效应	与人交往时把自己具有的某些不讨人喜欢、不为人接受的观念、性格、态度或欲望转移到别人身上，认为别人也是如此，以掩盖自己不受人欢迎的特征	“以小人之心，度君子之腹”

（三）知觉的基本特性

基本特性	概述
知觉的选择性	当面对众多的客体时，知觉系统会自动地将刺激分为对象和背景，并把知觉对象优先地从背景中区分出来
知觉的理解性	人以知识经验为基础对感知的事物加工处理，并用语词加以概括、赋予说明的加工过程
知觉的整体性	指人根据自己的知识经验把直接作用于感官的客观事物的多种属性整合为统一整体的过程
知觉的恒常性	指客观事物本身不变，但知觉条件在一定范围内发生变化时，人的知觉映像仍相对不变 知觉恒常性包括颜色恒常性、亮度恒常性、形状恒常性、大小恒常性和声音恒常性

温馨提示

知觉的基本特性是重要知识点，也是常考点，常以单项选择题的形式进行考查，考生需准确掌握。

考点3 注意★★★【常考题型：单选、辨析】

（一）注意的概念

注意是心理活动或意识对一定对象的指向和集中，是心理过程的动力特征之一。它与认知过程、情绪情感过程、意志过程难以分开，是一切心理活动的共同特征。注意的特点：指向性和集中性。

（二）注意的分类

根据注意过程中有无预定目的和是否需要意志努力的参与，可以把注意分为无意注意、有意注意和有意后注意。

类别	概念	特性	典例
无意注意（不随意注意）	事先没有预定目的、也不需要意志努力的注意	注意的初级形式。人和动物都存在无意注意	安静的教室，突然一本书掉在地上，发出"啪"的一声响
有意注意（随意注意）	有预定目的，也需要意志努力的注意	属于注意的高级形式。受人的意识的调节和控制，是人类所特有的一种注意	上课时认真听讲
有意后注意（随意后注意）	有预定目的，但不需要意志努力的注意	是一种更高级的注意。同时具有无意注意和有意注意的某些特征，是在有意注意的基础上发展起来的	熟练地骑车、织毛衣

（三）注意的品质

品质	概念	条件/影响因素
注意的广度	也称注意的范围，是指在同一时间内，人们能够清楚地知觉出的对象的数目	(1)知觉对象的特点；(2)当时的知觉任务；(3)人已有的经验和知识
注意的稳定性	注意的稳定性：注意保持在某一对象或某一活动上的时间长短特性。持续时间愈长，注意就愈稳定 注意的起伏：短时间内注意周期性地不随意跳跃现象 注意的分散(分心)：注意离开了当前应当完成的任务而被无关的事物所吸引	(1)注意对象的特点；(2)有无坚定目的；(3)个人的主观状态
注意的分配	人在进行两种或多种活动时能把注意指向不同对象的现象	(1)在同时进行的两种活动中，必须有一种活动是已经熟练的；(2)同时进行的几种活动都已熟练；(3)几种不同的活动已成为一套统一的组织

续表

品质	概念	条件/影响因素
注意的转移	根据新的任务，主动地把注意从一个对象转移到另一个对象或由一种活动转移到另一种活动的现象	(1)原来注意的强度；(2)新的注意对象的特点；(3)大脑皮层神经兴奋过程和抑制过程相互转换的灵活性；(4)各项活动的目的性或第二信号系统的调节作用

(四)注意规律在教学中的运用

1. 运用注意规律组织教学

(1)根据注意的外部表现了解学生的听课状态。

(2)运用无意注意的规律组织教学。

①创造良好的教学环境；②注重讲演、板书技巧和教具的使用；③注重教学内容的组织和教学形式的多样化。

(3)运用有意注意的规律组织教学。

①明确学习的目的和任务；②培养间接兴趣；③合理组织课堂教学，防止学生分心；④运用多种教学手段。

(4)运用两种注意相互转换的规律组织教学。无论是在整个教学活动过程中，还是在一堂课上，教师都应充分利用两种注意转换的规律来组织教学。

2. 在教学过程中培养学生良好的注意品质

(1)要增强注意的稳定性，就要防止注意的分散。

①要保证整洁、安静的教学环境，防止外部无关刺激的干扰。②要注重学生良好学习习惯的养成和意志力的锻炼，克服内部干扰。此外，加强学习目的性教育，端正学习态度，组织内容丰富、形式多样的教学活动，也是提高注意稳定性的重要手段。

(2)要扩大注意的广度，需要学生积累本学科相当的知识经验和一定的素养。

(3)注意的分配在教学中有实践意义。

(4)注意的转移同人的先天的神经活动类型有关，但也可以通过对外在因素的控制和后天训练加以改善和提高。教学活动中经常需要学生进行注意的转移，在两种活动之间一定的信号或言语提示是必要的，在低年级课堂中甚至要给予命令式的要求。另外，活动安排也要力求合理。

考点4 记忆★★★【常考题型：单选、辨析、简答】

(一)概念

记忆是人脑对过去经验的保持和再现。记忆的品质包括记忆的敏捷性、记忆的持久性、记忆的准确性、记忆的准备性。

(二)过程

记忆过程包括识记、保持、再现(包括再认或回忆)三个环节。

1.识记

识记指个体获得知识经验的过程,是记忆过程的第一个基本环节。

2.保持

(1)保持的概念

保持指已获得的知识经验在人脑中的巩固过程,是记忆过程的第二个环节。

(2)遗忘

①遗忘是与保持相反的心理过程,是指对识记过的材料不能回忆或再认,或者表现为错误的回忆或再认。

②遗忘的规律。最早对遗忘进行实验研究的是德国心理学家艾宾浩斯,他提出的著名的"遗忘曲线"表明:遗忘在学习之后立即开始,而且最初遗忘速度很快,随着时间的推移,遗忘的速度逐渐下降。由此可以看出,遗忘是有规律的,即遗忘的进程是不均衡的,其趋势是先快后慢,先多后少,呈负加速,并且到一定的程度就不再遗忘了。

③影响遗忘进程的因素:第一,学习材料的性质。第二,系列位置效应,即接近开头和末尾的记忆材料的记忆效果好于中间部分的记忆效果的趋势。开头部分和结尾部分的记忆效果较好,分别称为首因效应和近因效应。第三,识记材料的数量和学习程度。实验证明:过度学习达到50%,即学习的熟练程度达到150%时,学习的效果最好。过度学习是指学习达到恰能背诵之后再继续学习。第四,记忆任务的长久性与重要性。第五,识记的方法。第六,时间因素。第七,情绪和动机。

④遗忘的原因

原因	概述
消退说	遗忘是记忆痕迹得不到强化而逐渐衰弱,以致最后消退的结果
干扰说	遗忘是由于在学习和回忆之间受到其他刺激的干扰所致。一旦干扰被排除,记忆就能恢复,而记忆痕迹不会消退。 干扰说可用前摄抑制和倒摄抑制来说明。前摄抑制是先学习的材料对识记和回忆后学习材料的干扰作用。后学习的材料对保持和回忆先学习的材料的干扰作用,则称为倒摄抑制

续表

原因	概述
压抑(动机)说	遗忘是由于情绪或动机的压抑作用引起的,如果压抑被解除,记忆就能恢复 由于情绪紧张而引起的遗忘(考试时常发生)就属于这种类型
提取失败说	我们常常有这样的经验,明明知道对方的名字,但就是想不起来。这种现象称为“舌尖现象” 遗忘之所以发生,不是因为存储在长时记忆中的信息消失了。而是因为编码不准确,失去了检索线索或线索错误。一旦有了正确的线索,经过搜寻,所需要的信息就能提取出来,这就是遗忘的提取失败理论
同化说(认知结构说)	奥苏伯尔认为,遗忘是知识的组织和认知结构简化的过程

3. 再认或回忆

(1)再认(记忆的初级表现形式):指人们对感知过、思考过或体验过的事物,当它再度呈现时,仍能认识的心理过程。典例:好友重逢,一眼就认出了对方。

(2)回忆(记忆的最高表现形式,比再认复杂):过去经历过的事物不在面前,人们在头脑中把它重新呈现出来的过程。

(三)记忆的分类

分类依据	类别	概述
记忆的内容和经验的对象	形象记忆	以我们感知过的事物形象为内容的记忆
	情景记忆	以亲身经历的、发生在一定时间和地点的事件(情景)为内容的记忆
	语义记忆	又称语词逻辑记忆,是个体对以各种有组织的知识为内容的记忆
	情绪记忆	个体以曾经体验过的情绪或情感为内容的记忆
	动作记忆	以做过的运动或动作为内容的记忆,又称运动记忆

续表

<table>
<tr><th>分类依据</th><th>类别</th><th>概述</th></tr>
<tr><td rowspan="3">信息从输入到提取所经过的时间、信息编码方式和记忆阶段</td><td>瞬时记忆（感觉记忆或感觉登记）</td><td>(1)概念:当客观刺激停止作用后,感觉信息会在一个极短的时间内保存下来,这种记忆叫瞬时记忆
(2)特点:①时间极短,大约为0.25～2秒;②容量较大;③形象鲜明;④信息原始,记忆痕迹容易衰退
(3)编码:图像记忆和声像记忆
(4)存储:只有能够引起个体注意并被及时识别的信息,才有机会转入短时记忆</td></tr>
<tr><td>短时记忆</td><td>(1)概念:人脑中的信息在1分钟之内加工与编码的记忆,是信息从感觉记忆到长时记忆的过渡阶段
(2)特点:①时间很短。不超过1分钟;②容量有限。短时记忆的容量一般是7±2,即5～9个项目,平均值为7。米勒提出了组块的概念。所谓组块是指若干小单位联合成大单位的信息加工,也指这样组成的单位。他认为,短时记忆的容量是以组块来计算的;③意识清晰;④操作性强;⑤易受干扰
(3)编码:听觉编码(主要)和视觉编码
(4)存储:复述是短时记忆信息存储的有效方法</td></tr>
<tr><td>长时记忆</td><td>(1)概念:信息经过充分加工,在头脑中长久保持的记忆
(2)特点:①容量无限;②信息保持时间长久
(3)编码:意义编码为主(包括表象编码和语义编码)
(4)存储:认知心理学认为,人类的长时记忆中存储着两种不同的记忆:程序性记忆和陈述性记忆</td></tr>
<tr><td rowspan="2">信息加工与存储的内容</td><td>陈述性记忆</td><td>对有关事实和事件的记忆,如知识和生活常识</td></tr>
<tr><td>程序性记忆</td><td>对如何做事情的记忆,包括对知觉技能、认知技能和运动技能的记忆</td></tr>
</table>

续表

分类依据	类别	概述
记忆时意识参与的程度	外显记忆	当个体需要有意识地或主动地收集某些经验用以完成当前任务时表现出来的记忆
	内隐记忆	在不需要意识参与或不需要有意回忆的情况下,个体的已有经验自动对当前任务产生影响而表现出来的记忆

(四)运用记忆规律促进有效学习的方法

(1)明确记忆目的,增强学习的主动性。

(2)理解学习材料的意义。

(3)对材料进行精细加工,促进对知识的理解。

(4)运用组块化学习策略,合理组织学习材料。

(5)运用多重信息编码方式,提高信息加工处理的质量。

(6)有效运用记忆术。

(7)适当过度学习。

(8)重视复习方法,防止知识遗忘。有效组织复习的方法有:①复习时机要得当:及时复习;合理分配复习时间;间隔复习;循环复习。②复习方法要合理:分散复习与集中复习相结合;复习方法多样化;运用多种感官参与复习;尝试回忆与反复识记相结合。③复习次数要适宜:复习内容的数量要适当;提倡适当的过度学习。④重视对记忆品质的培养。⑤注意用脑卫生。

考点5 想象★【常考题型:单选】

(一)概念

想象是人脑对已存储的表象进行加工改造,形成新形象的心理过程。

(二)分类

分类依据	类别	概念	典例
想象的目的和计划性	无意想象	又称不随意想象,是没有预定目的,不由自主产生的想象	学生常常出现的“白日梦”现象
	有意想象	又称随意想象,是指有预定目的、自觉进行的想象,是意识活动的一种形式	—

续表

分类依据	类别	概念	典例
创造程度	再造想象	依据词语或符号的描述、示意在头脑中形成与之相应的新形象的过程	人在阅读文艺作品、历史文献，工人看建筑或机械图纸，学生听教师对课文生动形象的描述时，头脑中出现的有关事物的形象
	创造想象	按照一定目的、任务，使用自己以往积累的表象，在头脑中独立地创造出新形象的过程	作家写小说、设计师描绘蓝图、艺术家构思新作
幻想： 幻想是有意想象的一种特殊形式，是一种与生活愿望相结合并指向于未来的想象。 幻想可分为科学幻想、理想、空想三种形式			

考点6 思维与问题解决★★【常考题型：单选】

（一）思维

1. 概念

思维是人脑对客观事物的本质属性与内在联系的概括的、间接的反映。

2. 特征

(1)间接性：指思维能对感官所不能直接把握的或不在眼前的事物，借助于某些媒介物与头脑加工来进行反映。

(2)概括性：①把同一类事物的共同特征和本质特征抽取出来加以概括；②将多次感知到的事物之间的联系和关系加以概括，得出有关事物之间内在联系的结论。

3. 分类

分类依据	类型	概述
思维的内容凭借物、任务的性质、发展水平以及解决问题的方式	直观动作思维	是以实际动作为支柱的思维过程
	具体形象思维	是以直观形象和表象为支柱的思维过程
	抽象逻辑思维	是以词为中介来反映现实的思维过程，也叫词的思维或逻辑思维

续表

分类依据	类型	概述
思维过程中是以日常经验还是以理论为指导	经验思维	是以日常经验为依据,判断生产、生活中的问题的思维
	理论思维	是以科学的原理、定理、定律等理论为依据,对问题进行分析、判断的思维
结论是否有明确的思考步骤和思维过程中意识的清晰程度和逻辑性	分析思维	是遵循严密的逻辑程序和规律,逐步推导,然后得出合乎逻辑的正确答案或做出合理结论的思维。分析思维是以概念、判断、推理的形式来反映客观世界的思维
	直觉思维	是未经逐步分析就迅速对问题答案做出合理的猜测、设想或突然领悟的思维
思维的指向性	聚合思维	也叫求同思维、集中思维、辐合思维、会聚思维,是指人们解决问题时,思路集中到一个方向,从而形成唯一的、确定的答案
	发散思维	也叫求异思维、分散思维、辐射思维,是指人们解决问题时,思路朝着各种可能的方向扩散,从而求得多种答案
思维的创造程度	再造性思维	也称常规性思维或习惯性思维,是指人们运用已获得的知识经验,按现成的方案和程序,用惯常的方法、固定的模式来解决问题的思维方式
	创造性思维	是指以新颖、独特的方式来解决问题的思维方式

4. 思维的一般过程

思维的一般过程包括分析与综合、抽象与概括、比较与分类等不同的环节,其中分析与综合是思维的基本过程,其他过程都是由此派生出来的。

5. 创造性思维

创造性思维是指用独特新颖的方法解决问题的思维过程。

(1)创造性思维的特征

特征	概述
新颖独特性	创造性思维最本质的特征
创造性思维是多种思维的结晶(创造性思维的结构)	创造性思维既是发散思维和聚合思维的统一,也是形象思维和抽象思维的统一,但更多地表现在发散思维上 创造性思维以发散思维为核心。发散思维具有流畅性、灵活性(变通性)和独创性(独特性)等特点
创造性想象的积极参与	创造性思维的重要环节
灵感状态	灵感指人在创造性思维过程中,某种新形象、新概念和新思想突然产生的心理状态

(2)创造性思维的过程

过程	概述
准备期	在这一阶段,创造者收集、整理资料,即收集创造活动所必需的各种信息,组织已有的旧经验,掌握必要的技能
酝酿期	在准备期收集到的信息并未消极地存储在头脑中,而是按照一种我们目前尚不清楚的方式被加工和重新组织
豁朗期	指创造者经过长期酝酿,新假设产生或对考虑的问题豁然开朗。豁朗期是创造活动极为重要的阶段
验证期	在这个阶段,创造者要把头脑中产生的新假设或新观点通过实践加以检验。验证可以对新假设加以确定、修正、补充或完善

(二)问题解决

1. 概念

问题,就是个体不能用已有的知识经验直接加以处理并因此感到疑难的情境。

任何问题都有三个基本成分:(1)初始状态;(2)目标状态;(3)存在的限制或障碍。

问题解决是指为了从问题的初始状态到达目标状态,而采取一系列具有目标指向性的认知操作的过程。它也有两种类型:常规性问题解决和创造性问题解决。

问题解决具有三个特征:目的性、认知性和序列性。

2. 问题解决的思维过程

过程	概述
发现问题	从完整的问题解决过程来看，发现问题是其首要环节。能否发现问题，与个体的活动积极性、已有知识经验等有关
理解问题	理解问题即明确问题，就是把握问题的性质和关键信息，摒弃无关因素，并在头脑中形成有关问题的初步印象，即形成问题的表征。因此，理解问题就是分析问题、抓住问题关键、找出主要矛盾的过程
提出假设	提出解决问题的可能途径与方案，选择恰当的解决问题的操作步骤。提出假设是问题解决的关键阶段 常用的方式：算法式和启发式
检验假设	通过一定的方法来确定假设是否合乎实际、是否符合科学原理 检验假设的方法有两种：直接检验和间接检验

3. 解决问题的策略

策略	概述
算法	将所有可能的针对问题解决的方法都一一列举出来并进行尝试，直到最终从根本上解决问题
启发法	基于一定的经验，根据现有问题状态与目标状态之间的内在联系，采用较少搜索而找到解决问题途径的一种策略 常用的启发法策略有： (1)手段—目的分析法：是指把所需达到的问题的目标状态分解为若干子目标，通过实现一系列的子目标而最终达到总目标 (2)爬山法：是采用一定的方法逐步降低初始状态和目标状态的距离，以达到问题解决的一种方法 (3)逆向搜索法：也叫目标递归策略，是指从目标状态出发，按照子目标组成的逻辑顺序逐级向初始状态递归

4. 影响问题解决的主要因素

(1)问题情境

问题情境就是指问题呈现的知觉方式。

(2)定势与功能固着

定势(即心向)是指重复先前的操作所引起的一种心理准备状态。在定势的影响下,人们会以某种习惯的方式对刺激情境做出反应。定势对解决问题有积极作用,也有消极作用。人们把某种功能赋予某物体的倾向称为功能固着。在功能固着的影响下,人们不易摆脱事物用途的固有观念,从而直接影响问题解决的灵活性。

(3)原型启发

对问题解决起启发作用的事物叫原型。原型启发是指从其他事物上发现解决问题的途径和方法。

(4)已有知识经验

经验水平或实践知识影响问题解决。善于解决问题的专家与新手的区别,就在于前者具备有关问题的大量知识并善于实际应用这些知识来解决问题。

(5)情绪与动机

情绪对问题解决有一定影响,肯定、积极的情绪状态有利于问题的解决,而否定、消极的情绪状态则会阻碍问题的解决。人们对活动的态度、责任感等都可以成为发现问题的动机,影响问题解决效果。动机的强度不同,影响的大小也不一样。动机与问题解决的关系遵循"耶克斯—多德森定律"。("耶克斯—多德森定律"的内容参见第 94 页专题"学习动机"的内容)

此外,个体的认知结构、个性特征以及问题的特点等也会影响问题的解决。

(三)皮亚杰的认知发展阶段理论

1. 心理发展的实质、影响因素及机制

心理发展的实质	主体通过动作完成对客体的适应
影响心理发展的因素	成熟、自然经验、社会经验及平衡化
心理发展的机制	图式:指人在认识周围世界的过程中,形成自己独特的认知结构
	同化:指在有机体面对一个新的刺激情境时,把刺激整合到已有的图式或认知结构中
	顺应:指当有机体不能利用原有图式接受和解释新刺激时,其认知结构发生改变来适应刺激的影响
	平衡:指同化和顺应之间的"均衡"

2. 认知发展阶段

阶段	特征
感知运动阶段（0～2岁）	(1)感觉和动作的分化;(2)“客体永久性”(即知道某人或某物虽然现在看不见但仍然是存在的)的形成;(3)问题解决能力开始得到发展;(4)延迟模仿的产生
前运算阶段（2～7岁）	(1)早期的信号功能;(2)自我中心性(中心化);(3)不可逆运算;(4)不能够推断事实;(5)泛灵论;(6)不合逻辑的推理;(7)不能理顺整体和部分的关系;(8)认知活动具有具体性,还不能进行抽象的思维运算
具体运算阶段（7～11岁）	(1)去自我中心性(去中心化);(2)可逆性;(3)守恒(即儿童认识到客体在外形上发生了变化,但特有的属性不变);(4)分类;(5)序列化
形式运算阶段（11岁～成人）	(1)命题之间的关系;(2)假设—演绎推理;(3)类比推理;(4)抽象逻辑思维;(5)可逆与补偿;(6)反思能力;(7)思维的灵活性;(8)形式运算思维的逐渐发展

巧学妙记

发生认知皮亚杰,感知运动前运算,具体运算与形式,感知婴儿0至2,形式运算中学生,11直至到成年。

真题检测

真题1　【2018上半年】**单项选择:**当人们听到一种自己觉得可怕的声音时,往往会感到发冷,甚至起鸡皮疙瘩。这种现象称为(　　)

A. 适应　　B. 对比　　C. 联觉　　D. 后像

真题2　【2018上半年】**辨析:**注意的分配就是注意的分散。

真题3　【2017下半年】**单项选择:**右图是由三个扇形和三条折线组成,但是人们会把它知觉为两个三角形和三个圆形,其反映的知觉特性是(　　)

A. 整体性　　B. 选择性

C. 稳定性　　D. 恒常性

真题4　【2017下半年】**辨析:**短时记忆向长时记忆转化的条件是想象。

真题5　【2017上半年】**单项选择:**学习游泳之前,小兰通过阅读书籍记住了一些与游泳相

关的知识。小兰对与游泳相关的知识的记忆是(　　)

A. 陈述性记忆　　B. 程序性记忆

C. 瞬时记忆　　D. 短时记忆

真题6　【2017 上半年】简答:简述短时记忆的特点。

真题7　【2016 下半年】单项选择:在一次心理知识测试中,关于短时记忆的容量单位,学生们的答案涉及下列四种,其中正确的是(　　)

A. 比特　　B. 组块　　C. 字节　　D. 词组

真题8　【2016 下半年】单项选择:在思维训练课中,老师让大家列举纽扣的用处,小丽只想到扣衣服,却想不到其他用途。这种现象体现了(　　)

A. 功能迁移　　B. 功能固着　　C. 功能转换　　D. 功能变通

真题9　【2016 上半年】单项选择:小明看书时可以"一目十行",而小华则"一目一行"。这反映了他们在(　　)品质上存在差异。

A. 注意的广度　　B. 注意的分配　　C. 注意的稳定性　　D. 注意的转移

真题10　【2016 上半年】单项选择:小红在解决数学问题时,总是从多种途径寻求解决问题的方法,力求一题多解。小红的思维方式属于(　　)

A. 聚合思维　　B. 发散思维　　C. 常规思维　　D. 具体思维

真题11　【2016 上半年】单项选择:小亮在解决物理习题时,能够把各种解法逐一列出并加以尝试,最终找到一个最佳解法。小亮的这种解题方法属于(　　)策略。

A. 启发式　　B. 推理式　　C. 算法　　D. 归纳式

真题12　【2015 下半年】单项选择:成人与幼儿对一幅画的知觉有明显的差异,幼儿只会看到这幅画的主要构成,而成人看到的是画的意义。这反映的知觉特性是(　　)

A. 理解性　　B. 选择性　　C. 恒常性　　D. 整体性

真题13　【2015 下半年】单项选择:晓东在记忆英文单词时,如果不对其加以复述,这个单词在他头脑中只能保持几十秒。这种记忆现象是(　　)

A. 瞬时记忆　　B. 短时记忆　　C. 长时记忆　　D. 内隐记忆

真题14　【2015 下半年】单项选择:中学生晓波通过物理实验发现,钟表的摆动幅度不取决于钟摆的材料或重量,而是取决于钟摆的长度。根据皮亚杰的认知发展阶段理论,晓波的认知发展水平已达到(　　)

A. 感知运动阶段　　B. 前运算阶段

C. 具体运算阶段　　D. 形式运算阶段

真题15 【2015 下半年】**简答**:皮亚杰将儿童的认知发展划分为哪几个阶段?

真题16 【2015 上半年】**单项选择**:在张老师组织的百人大合唱中,如果增加一至两个人,小红感觉不到音量的变化,如果增加十个人左右时,小红就能明显地感觉到音量的变化。这种刚刚能使小红感觉到音量变化的最小差异称为(　　)

A. 绝对感觉阈限　　B. 绝对感受性

C. 差别感觉阈限　　D. 差别感受性

参考答案及解析

1. C【解析】略。
2. 【参考答案】(1)这种说法是不正确的。(2)注意的分配和注意的分散是两个不同的概念。
3. A【解析】略。
4. 【参考答案】(1)这种说法是不正确的。(2)短时记忆向长时记忆转化的条件是复述。
5. A【解析】陈述性记忆是指对有关事实和事件的记忆,如知识和生活常识。
6. 【参考答案】(参见第 83 页"记忆的分类")
7. B【解析】略。
8. B【解析】人们把某种功能赋予某物体的倾向称为功能固着。小丽只想到纽扣可以扣衣服,是受到了纽扣用途的固有观念的影响。
9. A【解析】注意的广度,也称注意的范围,是指在同一时间内,人们能够清楚地知觉出的对象的数目。"一目十行""一目一行"指的就是注意的范围的差异。
10. B【解析】略。
11. C【解析】略。
12. A【解析】知觉的理解性是指人以知识经验为基础对感知的事物加工处理,并用语词加以概括赋予说明的加工过程。题干描述的是知觉的理解性。
13. B【解析】略。
14. D【解析】形式运算阶段的儿童不仅能够运用经验—归纳的方式进行逻辑推理,而且能够运用假设—演绎推理的方式来解决问题。题干的描述符合这一阶段儿童的特征。
15. 【参考答案】(参见第 91 页"认知发展阶段")
16. C【解析】刚刚能引起差别感觉的刺激物间的最小差异量叫差别感觉阈限,又称最小可觉差。

第 8 天

今日目标

1. 理解学习动机的概念、成分、功能及分类。
2. 掌握学习动机对学习效果的的影响。
3. 理解学习动机理论。
4. 掌握学习动机的激发与培养。

专题　学习动机

考点 1 学习动机的概念、成分、功能及分类 ★★★【常考题型：单选、简答】

(一)学习动机的概念

学习动机是指激发个体进行学习活动,维持已引起的学习活动,并使行为朝向一定学习目标的一种心理倾向或内部动力。

(二)学习动机的成分

学习动机的两个基本成分是学习需要与学习期待。

(1)学习需要是指个体在学习活动中感到有某种欠缺而力求获得满足的心理状态,它包括学习的兴趣、爱好和学习的信念等。

(2)学习期待是个体对学习活动所要达到目标的主观估计。学习期待所指向的目标可以是成绩,也可以是奖品、教师的赞扬、名誉、地位等。

(三)学习动机的功能

(1)激发功能;(2)指向功能;(3)维持和调节功能(强化功能)。

分类依据	类型	内涵
动机产生的诱因来源	内部学习动机	诱因来自学习者本身的内在因素而产生的动机,即学生因对活动本身发生兴趣而产生的动机
	外部学习动机	诱因来自于学习者外部的某种因素而产生的动机,即在学习活动以外由外部的诱因激发出来的学习动机

续表

分类依据	类型	内涵
学习动机的社会意义	高尚的学习动机	核心是利他主义
	低级的学习动机	核心是利己的、自我中心的，学习动机只来源于自己眼前的利益
学习动机起作用时间的长短	近景的直接性学习动机	由活动的直接结果所引起的对某种活动的动机，这种动机很具体，但不够稳定，易随环境的变化而变化
	远景的间接性学习动机	由于了解活动的社会意义、活动结果的社会价值而引起的对某种活动的动机，这种学习动机既具有一定的社会性和理想色彩，又与个人的志向、世界观相联系，具有较强的稳定性和持久性
动机在活动中作用的大小	主导性学习动机	在学习活动中起着主要的支配作用
	辅助性学习动机	在学习活动中起次要的辅助作用
学校情境中的学业成就动机	认知内驱力	个体要求了解、理解和掌握知识以及解决问题的需要，属于内部动机
	自我提高内驱力	个体由自己的学业成就而获得相应的地位和威望的需要，属于外部动机
	附属内驱力	个体为了获得长者们（如家长、教师）的赞许或认可而表现出把工作、学习做好的一种需要，属于外部动机

考点 2 学习动机对学习效果的影响（“耶克斯—多德森定律”）

★★★【常考题型：单选、辨析、材料分析】

（1）总体而言，在一般情况下，学习动机与学习效果的关系是一致的。学习动机越强，有机体对学习活动的积极性就越高，学习效果就越佳，表现为学习动机可以促进学习，提高成绩。

（2）对一项具体的学习活动而言，只有当学习动机的强度处于最佳水平时，才能产生最好的学习效果。“耶克斯—多德森定律”表明，动机不足或过分强烈都会影响学习效果。第一，动机的最佳水平随着任务性质的不同而不同。在比较容易的任务中，行为效果（工作效率）随着动机的提高而上升；随着任务难度的增加，动机的最佳水平有逐渐下降的趋势。第二，一般来讲，最佳水平为中等强度的动机。第三，动机水平与行为效果呈倒U型曲线。

考点3 学习动机理论★★★【常考题型：单选、辨析、简答、材料分析】

（一）强化理论

主要表现为采用强化原则，通过奖励与惩罚的措施来维持学生的学习动机。在教育上广为流行的程序教学与计算机辅助教学的心理基础，就是通过强化原则来维持学生的学习动机。

（二）马斯洛的需要层次理论

自我实现的需要：追求自我成就的潜力
审美需要：匀称、整齐、美丽
求知需要：好奇心、了解、探索
尊重需要：自尊心、自豪感、权利、地位等
归属与爱的需要：交往、友谊、爱情等
安全需要：保证、稳定、保护、秩序、法律等
生理需要：呼吸、饮食、衣着、居住、休息、性生活等

马斯洛的需要层次理论

位于需要层次底部的四种需要被称为缺失需要，它们是个体生存所必需的。后三种需要是成长需要，它虽不是我们生存所必需的，但对于我们适应社会来说却有很重要的积极意义。

（三）阿特金森的成就动机理论

成就动机是指个体努力克服障碍，施展才能，力求又快又好地解决某一问题的愿望或趋势。

阿特金森把个体的成就动机分为两类：力求成功的动机和避免失败的动机。力求成功者的目的是获取成功，即通过各种活动努力提高自尊心和获得心理上的满足，成功概率为50%的任务是他们最有可能选择的。避免失败者则往往通过各种活动防止自尊心受伤害和产生心理烦恼，倾向于选择非常容易或非常困难的任务。

（四）成败归因理论

归因是人们对自己或他人活动及其结果的原因所做的解释和评价。

美国心理学家韦纳把人经历过事情的成败归结为六种原因：能力、努力程度、工作难度、运气、身心状况、外界环境；又把上述六项因素按各自的性质，分别归入三个维度：内部归因和外部归因、稳定性归因和非稳定性归因、可控制归因和不可控制归因。

韦纳成败归因理论中的六因素与三维度

维度 因素	成败归因维度					
	稳定性		因素来源		可控制性	
	稳定	不稳定	内在	外在	可控制	不可控制
能力	√		√			√
努力程度		√	√		√	
工作难度	√			√		√
运气		√		√		√
身心状况		√	√			√
外界环境		√		√		√

（五）成就目标理论

成就目标理论是以成就动机理论和成败归因理论为基础，在德韦克能力理论的基础上发展起来的一种学习动机理论。

1. 两种观念

（1）能力增长观：持能力增长观的个体认为，能力是可改变的，随着学习的进行是可以提高的。

（2）能力实体观：持能力实体观的个体则认为，能力是固定的，是不会随学习而改变的。

2. 两种目标

（1）持能力增长观的个体倾向于确立掌握目标，他们希望通过学习来提高自己的能力。

（2）持能力实体观的个体倾向于确立成绩目标，他们希望在学习过程中证明或表现自己的能力。

3. 研究者 Pintrich 和 Elliott 主张将掌握目标区分为接近和回避两种状态，提出了成就目标的四分法

分类	内涵
成绩趋近	个体关注的是如何超越他人，显得自己最聪明、最棒；根据常模标准来评价自身表现，如在班上考得最好

续表

分类	内涵
掌握趋近	个体关注的是掌握任务,学习和理解;根据自己的进步提高和对任务的理解深度来评价自身表现
成绩回避	个体关心的是如何不让自己显得低能,显得比别人笨;根据常模标准来评价自身表现,如不是班里最差的
掌握回避	个体关心的是如何避免不能理解或不能掌握任务的情况;判断成功的标准是自我比较的基础上准确无误地完成任务

(六)自我效能感理论

1. 自我效能感的概念

自我效能感指人们对自己是否能够成功地进行某一成就行为的主观推测和判断。这一概念最早是由班杜拉提出来的。

2. 自我效能感理论的基本观点

班杜拉指出,人的行为受行为的结果因素与先行因素的影响。行为的结果因素是强化。行为的先行因素是人在认知到行为与强化之间的依随关系之后产生的对下一步强化的期待。期待包括结果期待和效能期待。结果期待是指人对自己的某一行为会导致某一结果的推测。效能期待是指人对自己能够进行某一行为的能力的推测或判断,它意味着人是否确信自己能够成功地进行带来某一结果的行为。

3. 自我效能感的作用

(1)决定人们对活动的选择,以及对活动的坚持性。

(2)影响人们在困难面前的态度。

(3)自我效能感不仅影响新行为的习得,而且影响已习得行为的表现。

(4)自我效能感还会影响活动时的情绪。

4. 影响自我效能感的因素

(1)个人自身行为的成败经验。这一效能信息源对自我效能感的影响最大。

(2)替代经验。

(3)言语暗示。

(4)情绪唤醒。

考点4 学习动机的培养与激发★★

(一)学习动机的培养

(1)了解和满足学生的需要,促进学习动机的产生。

(2)重视立志教育,对学生进行成就动机训练。

(3)帮助学生确立正确的自我概念,获得自我效能感。

(4)培养学生努力导致成功的归因观。

(5)培养对学习的兴趣。

(6)利用原有动机的迁移,使学生产生学习的需要。

(二)学习动机的激发

(1)创设问题情境,激发兴趣,维持好奇心。

(2)设置合适的目标。

(3)控制作业难度,恰当控制动机水平。

(4)表达明确的期望。

(5)提供明确的、及时的、经常性的反馈。

(6)合理运用外部奖赏。

(7)有效地运用表扬。

(8)对学生进行竞争教育,适当开展学习竞争。

真题检测

真题1 【2018 上半年】**简答:**学习动机的定义与功能是什么?

真题2 【2018 上半年】**单项选择:**初一学生许明努力学习就是想获得亲朋好友的赞扬。根据奥苏伯尔的相关理论,驱动许明行为的是(　　)

A. 认知内驱力　　B. 附属内驱力

C. 自我提高内驱力　　D. 成就内驱力

真题3 【2016 下半年】**单项选择:**在归因训练中,老师要求学生尽量尝试“努力归因”,以增强他们的自信心。因为在韦纳的成败归因理论中,努力属于(　　)

A. 内部的、不稳定的、可控的因素　　B. 内部的、不稳定的、不可控的因素

C. 内部的、稳定的、可控的因素　　D. 内部的、稳定的、不可控的因素

真题4 【2016 上半年】**单项选择:**小黄在学习时关注的是知识的内容和价值,而不是为了

获得分数和奖励。根据成就目标理论,小黄的目标导向属于(　　)

A. 成绩趋近　　B. 成绩回避　　C. 掌握趋近　　D. 掌握回避

真题 5　【2015 下半年】**材料分析**:小美很喜欢唱歌,从小就希望自己在音乐方面有所成就。在她还没有确定是否报考音乐学院前,她就能在众人面前很好地展现自己的歌声。她确定报考音乐学院后,学习更加勤奋努力,希望实现自己的目标。但是在音乐学院的专业课面试过程中,由于她极度渴望有完美的表现,结果事与愿违,不但没有发挥应有的水平,而且比平时更差,导致面试失利,这个结果让大家很诧异,她自己也无法接受。

问题:

(1)请运用动机的相关知识解释小美专业课面试失利的原因。

(2)假设你是班主任,你如何帮助小美在下次面试中发挥正常水平?

真题 6　【2015 上半年】**辨析**:学习动机是学生进行学习活动的内部动力,学习动机越强,学习效果越好。

参考答案及解析

1.【参考答案】(参见第 94 页"学习动机的概念、成分、功能及分类")

2. B【解析】附属内驱力是指个体为了获得长者们(如家长、教师)的赞许或认可而表现出把工作、学习做好的一种需要。

3. A【解析】在韦纳的成败归因理论中,努力属于内部的、不稳定的、可控的因素。

4. C【解析】掌握趋近的个体关注的是任务掌握、学习和理解,根据自己的进步提高和对任务的理解深度来评价自身表现。

5.【参考答案】略。

6.【参考答案】(参见第 95 页"学习动机对学习效果的影响('耶克斯—多德森定律')")

第 9 天

今日目标

1. 掌握学习迁移的类型。
2. 掌握学习迁移理论。
3. 掌握学习策略的概念。
4. 掌握学习策略的分类。

专题一 学习迁移

考点1 知识学习★★【常考题型:单选】

安德森从信息加工的角度,把知识分为陈述性知识和程序性知识。

陈述性知识是关于“是什么”的知识,是对事实、定义、规则和原理等的描述。程序性知识则是关于“怎么做”的知识,如怎样进行推理、决策或者解决某类问题等。

陈述性知识和程序性知识不是对客观知识的划分,而是对人的头脑内的个体知识的分类,同样是学习一个知识点,学习者既可以形成关于它的陈述性知识,也可以形成关于它的程序性知识。例如,中学生学习摩擦力的知识,他们可以了解哪些因素在影响摩擦力的大小,如表面的光滑程度、接触面积的大小等,这就成为学习者的陈述性知识,在此基础上,学习者还可以用这种知识来解决实际问题。例如,自行车为了省力,它的车轴应该怎样设计?即怎样减小摩擦力,学习者便可以从这些影响摩擦力的因素上来分析这个问题,这就是关于它的程序性知识。

考点2 学习迁移的概念及类型★★【常考题型:单选】

(一)学习迁移的概念

学习迁移也叫训练迁移,即一种学习对另一种学习的影响,也就是已获得的知识、技能、学习方法或学习态度对学习新知识、新技能和解决新问题所产生的一种影响,或者说是将学得的经验有变化地运用于另一情境。“举一反三”“触类旁通”等都可以用迁移的道理加以解释。

(二)学习迁移的类型

分类依据	类型	内涵
迁移的性质和结果	正迁移	也叫“助长性迁移”,是指一种学习对另一种学习的促进作用
	负迁移	也叫“抑制性迁移”,是指一种学习对另一种学习的阻碍作用
	零迁移	两种学习也可能不发生影响,这种状态称为零迁移,它是迁移的一种特殊形式
迁移发生的方向	顺向迁移	先前学习对后继学习产生的影响
	逆向迁移	后继学习对先前学习产生的影响
迁移内容的抽象和概括水平	水平迁移	也叫横向迁移,是指先行学习内容与后继学习内容在难度、复杂程度和概括层次上属于同一水平的学习活动之间产生的影响
	垂直迁移	也称纵向迁移,是指先行学习内容与后续学习内容是不同水平的学习活动之间产生的影响。 表现在两个方面:自下而上的迁移和自上而下的迁移
迁移内容	一般迁移	也称非特殊迁移、普遍迁移,是指一种学习中所习得的一般原理、原则和态度对另一种具体内容学习的影响,即原理、原则和态度的具体应用
	具体迁移	也称特殊迁移,是指学习迁移发生时,学习者原有的经验组成要素及其结构没有变化,只是将一种学习中习得的经验要素重新组合并移用到另一种学习之中
迁移范围	自迁移	个体所学的经验影响着相同情境中的任务的操作
	近迁移	已习得的知识或技能在与原先学习情境相似的情境中加以运用
	远迁移	已习得的知识或技能在新的不相似情境中的运用

续表

分类依据	类型	内涵
迁移的路径	低路迁移	以一种自发的或自动的方式所形成的技能的迁移
	高路迁移	有意识地将某种情境中学到的抽象知识应用于另一种情境中的迁移
迁移过程中所需的内在心理机制	同化性迁移	不改变原有的认知结构，直接将原有的认知经验应用到本质特征相同的一类事物中去
	顺应性迁移	将原有认知经验应用于新情境中时，需调整原有的经验或对新旧经验加以概括，形成一种能包容新旧经验的更高一级的认知结构，以适应外界的变化
	重组性迁移	重新组合原有认知系统中某些构成要素或成分，调整各成分间的关系或建立新的联系，从而应用于新情境

温馨提示

学习迁移的类型是重要知识点，也是高频考点，常以单项选择题的形式进行考查，考生应准确掌握。

考点3　学习迁移理论★★★【常考题型：单选、材料分析】

（一）早期的迁移理论

1. 形式训练说

形式训练说是最早的关于迁移的理论，以官能心理学为心理学基础，代表人物主要有德国的沃尔夫。

2. 共同要素说

桑代克等人认为，迁移是非常具体的、有条件的，需要有共同的要素。只有当两个机能的因素中有相同要素时，一个机能的变化才会改变另一个机能的习得。两种情境中的刺激相似，反应也相似时，迁移才会发生。两种情境中相同要素越多，迁移的量也就越大。几乎与此同时，另一位心理学家武德沃斯通过研究也得出了与桑代克相同的结论，因此，把相同要素说改为共同要素说。根据共同要素说，如果两种学习活动含有共同成分，无论学习者是否意识到这种成分的共同性，都会有迁移现象的产生。

3. 概括化理论

概括化理论也称经验类化（泛化）说，由美国心理学家贾德提出，其主要观点是，一个人只要对自己的经验进行了概括，就可以完成从一个情境到另一个情境的迁移。他认为先前的学习之所以能迁移到后来的学习中，是因为在先前学习中获得了一般原理，这种一般原理可以部分或全部地运用于后面的学习中。对原理了解、概括得越好，迁移效果也越好。贾德在1908年所做的“水下击靶”实验，是概括化理论的经典实验。

4. 关系转换理论

格式塔心理学家提出关系转换理论，也称为关系转换说或转换理论。认为迁移是学习者突然发现两个学习经验之间关系的结果，是对情境中各种关系的理解和顿悟，而非由于具有共同成分或原理而自动产生。学习迁移的重点不在于掌握原理，而在于觉察到手段与目的之间的关系。他们认为学生“顿悟”情境之间的关系，特别是手段—目的之间的关系，是实现迁移的根本条件。苛勒所做的“小鸡觅食”实验是支持关系转换说的经典实验。

（二）当代的迁移理论

1. 认知结构迁移理论

奥苏伯尔在有意义接受学习理论的基础上提出了认知结构迁移理论，认为一切有意义的学习都是在原有认知结构的基础上产生的，不受原有认知结构影响的有意义学习是不存在的。一切有意义的学习必然包括迁移，迁移是以认知结构为中介进行的，先前学习所获得的新经验，通过影响原有认知结构的有关特征影响新学习。

> **巧学妙记**
>
> 学习迁移理论多，形成训练沃尔夫，共同要素桑代克，经验类化有贾德，关系转化格式塔，认知结构奥苏伯尔。

认知结构迁移理论指出，学生学习新知识时，认知结构可利用性高、可辨别性大、稳定性强，就能促进对新知识学习的迁移。

2. 产生式理论

产生式迁移理论的基本思想是：前后两项学习任务产生迁移的原因是两项任务之间产生式的重叠，重叠越多，迁移量越大。两项任务之间的迁移，是随其共有的产生式的多少而变化的。所谓产生式就是有关条件和行动的规则，简称C-A规则。

考点4 学习迁移与教学★★★【常考题型：单选、辨析】

（一）影响学习迁移的因素

（1）学习材料的特点。共同因素是学习迁移产生的客观必要条件，但不是唯一的条件。两种材料之间存在的共同因素越多，越容易发生学习迁移。（2）原有的认知结构。（3）对学习情境的理解。（4）学习的心理准备状态。定势的作用有两重性：一是积极的促进作用，二是消极的阻碍作用。（5）学习策略的水平。（6）智力与能力。（7）教师的指导。

（二）促进学习迁移的教学

（1）改革教材内容，促进迁移。

①精选教材，提高对概念和原理的理解水平；②合理编排教学内容，突出知识的组织特点。

（2）合理编排教学方式，促进迁移。

①教学过程中应当按照从一般到个别，从整体到细节的顺序，渐进分化；②将各个内容综合贯通，促进知识的横向联系；③依据学生学习的特点，教学过程应由浅入深、由易到难、从已知到未知；④在具体操作上，可以将知识分成若干单元，每个单元还可分成若干小步子，让后一步的学习建立在前一步的基础之上，前一步的学习为后一步提供固定点。

（3）教授学习策略，提高学生的迁移意识。“授人以鱼供一饭之需，授人以渔则终生受用无穷。”这句话给予教育者的启示是：学习不只是要让学生掌握一门或几门学科的具体知识与技能，而且还要让学生学会如何去学习，即掌握学习方法的知识与技能。

（4）改进对学生的评价。有效运用评价手段对学生形成积极的学习态度，对学习迁移都具有积极的作用。

专题二　学习策略

考点5 学习策略的概念及特点

（一）学习策略的概念

学习策略是指学习者为了提高学习的效果和效率，有目的、有意识地制定有关学习过程的复杂的方案。

(二)学习策略的特点

(1)学习策略是学习者为了完成学习目标而积极主动地使用的;(2)学习策略是有效学习所需的;(3)学习策略是有关学习过程的;(4)学习策略是学习者制订的学习计划,由规则和技能构成。

考点6 学习策略的分类★★【常考题型:单选】

策略类型	概述
认知策略(信息加工的策略)	复述策略:在工作记忆中为了保持信息,运用内部语言在大脑中重现学习材料或刺激,以便将注意力维持在学习材料上的方法 常用的复述策略:复习、过度学习、有意识记和无意识记、画线等
	精加工策略:把新信息与头脑中的旧信息联系起来从而增加新信息意义的深层加工策略 常用的精加工策略:记忆术(通过把那些枯燥无味但又必须记住的信息"牵强附会"地赋予意义,使记忆过程变得生动有趣,从而提高学习记忆的效果),做笔记,提问,生成性学习,运用背景知识、联系客观实际
	组织策略:将经过精加工提炼出来的知识点加以构造,形成知识结构的更高水平的信息加工策略 常用的组织策略:归类策略、纲要策略(可以是用语词或句子表达的主题纲要,也可以是用符号、图式等形象表达的符号纲要)
元认知策略(学生对自己整个学习过程的有效监视及控制的策略)	计划策略:根据认知活动的特定目标,在认知活动开始之前计划完成任务所涉及的各种活动、预计结果、选择策略,设想解决问题的方法,并预估其有效性的策略 元认知计划策略包括设置学习目标、浏览阅读材料、设置思考题以及分析如何完成学习任务等
	监控策略:在认知过程中,根据认知目标及时检测认知过程,寻找两者之间的差异,并对学习过程及时进行调整,以期顺利实现有效学习的策略 监控策略包括阅读时对注意加以跟踪和对材料进行自我提问、考试时监视自己的速度和时间等
	调节策略:在学习过程中根据对认知活动监视的结果,找出认知偏差,及时调整策略或修正目标的策略

续表

策略类型	概述
资源管理策略	时间管理策略:统筹安排学习时间;高效利用最佳时间;灵活利用零碎时间
	环境管理策略:注意调节自然条件,如流通的空气、适宜的温度、明亮的光线以及和谐的色彩等;还要设计好学习的空间,如空间范围、室内布置、用具摆放等
	努力管理策略:激发内在的动机;树立正确的学习信念;选择有挑战性的任务;调节成败的标准;正确归因;自我奖励等
	学业求助策略:当学生在学习上遇到困难时,向他人请求帮助的行为

真题检测

真题 1 【2018 上半年】**单项选择**:学习了三角形和长方形的面积公式之后,再学习梯形的面积公式就比较顺利。这种迁移属于(　　)

A. 零迁移　　B. 逆向迁移

C. 负迁移　　D. 正迁移

真题 2 【2017 下半年】**单项选择**:地理老师教学生记忆“乞力马扎罗山”时,为方便学生记忆,将之戏称为“骑着马打着锣”。这种学习策略属于(　　)

A. 复述策略　　B. 精细加工策略

C. 组织策略　　D. 元认知策略

真题 3 【2017 下半年】**材料分析**:贾德 1908 年所做的“水下打靶”实验,是学习迁移研究的经典实验之一,他将被试分成两组,要他们练习用标枪投中水下的靶子。在实验前,对一组讲授了光学折射原理,另一组不讲授,只能从尝试中获得一些经验。在开始投掷练习时,靶子置于水下 1.2 英寸处。结果,讲授过和未讲授过折射原理的被试,其成绩相同。这是由于在开始测验中,所有被试都必须学会运用标枪,理论的说明不能代替练习。当把水下 1.2 英寸处的靶子移到水下 4 英寸处时,两组的差异就明显地表现出来:未讲授折射原理一组的被试不能运用水下 1.2 英寸处的投掷经验以改进靶子位于水下 4 英寸处的投掷练习,错误持续发生;而学过折射原理的被试,则能迅速适应水下 4 英寸处的学习情境,学得快,投得准。

问题：

(1)贾德在该实验基础上，提出了何种学习迁移理论？

(2)该理论的基本观点是什么？

(3)依据该理论，产生学习迁移的关键是什么？

(4)该理论对教学的主要启示是什么？

真题 4 【2016 下半年】**单项选择**：小刚利用改变物体接触面积的大小或表面的光滑程度的方法，来增强或减弱滑板的摩擦力。这说明小刚能够运用(　　)

A. 元认知知识　　B. 描绘性知识

C. 情境性知识　　D. 程序性知识

真题 5 【2016 下半年】**单项选择**：在老师指导下，学生利用图示方式对知识进行归纳整理，以促进自己所学知识的掌握。学生采用的这种学习策略是(　　)

A. 复述策略　　B. 精加工策略

C. 监控策略　　D. 组织策略

真题 6 【2015 下半年】**辨析**：教学中"授之以鱼"不如"授之以渔"。

参考答案及解析

1. D【解析】略。

2. B【解析】精细加工策略是指把新信息与头脑中的旧信息联系起来从而增加新信息意义的深层加工策略。精细加工策略是一种理解性的记忆策略，新信息与其他信息建立的联系越多，就越容易记忆。对于缺乏内在联系或意义的材料，可以采用人为添加意义的方式。题干中地理老师为教学生记忆"乞力马扎罗山"，将之戏称为"骑着马打着锣是对缺乏意义的材料人为添加意义，应用的是精细加工策略中的记忆术。

3. 【参考答案】贾德在该实验基础上，提出了概括化理论，也称经验类化(泛化)说。该理论的基本观点是：一个人只要对自己的经验进行了概括，就可以完成从一个情境到另一个情境的迁移。

4. D【解析】略。

5. D【解析】略。

6. 【参考答案】这种说法是正确的。

第 10 天

今日目标

1. 理解学习的分类。
2. 掌握行为主义学习理论。
3. 理解人本主义学习理论。
4. 掌握建构主义学习理论。

专题 学习理论

考点 1 学习的实质★★

学习是个体在特定情境下由于练习和反复经验而产生的行为或行为潜能的相对持久的变化。

值得注意的是，并非所有的行为变化都是由学习产生的，如生理成熟、疲劳、药物等因素亦可引起行为的变化。生理成熟、衰老等因素导致的行为变化的过程非常缓慢，而学习导致的行为变化的速度相对较快；疲劳、创伤等因素致使行为水平降低，而学习可以提高个体的行为水平；药物引起的行为变化持续时间较短，而学习引起的行为变化相对可以保持较长的时间。

考点 2 学习的分类★★★【常考题型：单选、辨析、简答】

分类依据	学习类型
学习主体	动物学习、人类学习和机器学习
学习结果(加涅)	言语信息、智慧技能、认知策略、动作技能和态度
学习情境由简单到复杂、学习水平由低到高的顺序(加涅)	信号学习、刺激—反应学习、连锁学习、言语联结学习、辨别学习、概念学习、规则或原理学习和解决问题学习

续表

分类依据	学习类型
学习时的意识水平(阿瑟·雷伯)	内隐学习和外显学习
学习的形式与性质(奥苏伯尔)	接受学习和发现学习,机械学习和有意义学习
学习的内容(我国学者)	知识的学习、技能的学习和行为规范的学习

考点③ 技能的形成★★★【常考题型:单选、简答】

(一)技能的概念及种类

1. 概念

技能是个体运用已有知识经验,通过练习而形成的合乎法则的活动方式。

2. 种类

技能按其本身的性质和特点,可分为动作技能和心智技能。

种类	概念	特点
动作技能	又叫运动技能、操作技能,是通过学习而形成的合乎法则的操作活动方式。例如,音乐方面的吹、拉、弹、唱	(1)就动作的对象而言,具有客观性; (2)就动作的进行而言,具有外显性; (3)就动作的结构而言,具有展开性
心智技能	也称为智力技能、认知技能,是通过学习而形成的合乎法则的心智活动方式。例如,阅读技能、写作技能、运算技能、解题技能等	(1)动作对象的观念性 (2)动作执行的内潜性 (3)动作结构的简缩性

(二)动作技能的形成

1. 动作技能的形成阶段

动作技能的形成分为操作定向、操作模仿、操作整合与操作熟练四个阶段。

2. 动作技能的培训要求(培养途径)

(1)准确地示范与讲解;(2)必要而适当的练习(关键环节);(3)充分而有效的反馈;(4)建立稳定清晰的动觉。

(三)心智技能的形成

1. 心智技能的形成阶段

心智技能的形成分为原型定向、原型操作与原型内化三个阶段。

2. 心智技能的培养要求

(1)确立合理的智力活动原型;(2)教师利用示范和讲解,并有效进行分阶段练习;(3)知识影响技能的形成;(4)注重培养学生认真思考的习惯和独立思考的能力。

考点4 行为主义学习理论★★★【常考题型:单选、辨析】

(一)行为主义学习理论及主要观点

学习理论	主要观点
巴甫洛夫的经典性条件反射学说	泛化:机体对与条件刺激相似的刺激做出条件反应 分化:只对条件刺激做出条件反应,而对其他相似刺激不做反应 消退:条件反射形成以后,如果得不到强化,条件反应会逐渐减弱,直至消失 恢复:未经强化而条件反射自动重现的现象
桑代克的联结—试误学习理论(教育心理学史上第一个较为完整的学习理论)	学习的实质:形成情境与反应的联结 学习的过程:一种渐进的、盲目的、尝试错误的过程 学习要遵循三条重要的原则: (1)准备律:联结的加强或削弱取决于学习者的心理准备和心理调节状态 (2)练习律:刺激与反应之间的联结会由于重复或练习而加强,不重复或练习,联结的力量就会减弱。又分为应用律和失用律 (3)效果律:刺激和反应之间的联结可因导致满意的结果而加强,也可因导致烦恼的结果而减弱
斯金纳的操作性条件作用理论	强化:采用适当的强化物而使机体反应频率、强度和速度增加的过程 正强化:也称积极强化,是通过呈现想要的愉快刺激来增强反应频率 负强化:也称消极强化,是通过消除或中止厌恶、不愉快刺激来增强反应频率 消退:条件刺激形成以后,如果得不到强化,条件反应会逐渐减弱,直至消失的现象 惩罚:当有机体做出某种反应以后,呈现一个厌恶刺激,以消除或抑制此反应的过程

续表

学习理论	主要观点
班杜拉的社会学习理论	学习的实质:观察学习 观察学习的过程:注意、保持、复现和动机 直接强化:观察者因表现出观察行为而受到强化 替代强化:观察者因看到榜样的行为被强化而受到强化 自我强化:对自己表现出的符合或超出标准的行为进行自我奖励

(二)操作性条件作用学习理论在教学中的应用:程序教学

程序教学是斯金纳操作性条件作用学习理论运用于教学的典范,它是个别化教学的典型方式。

程序教学的原则有:(1)小步子原则;(2)积极反应原则;(3)自定步调原则;(4)及时反馈原则;(5)低错误率原则。

考点5 认知派学习理论★★★【常考题型:辨析】

学习理论	主要观点
苛勒的完形—顿悟学习理论	(1)学习的实质——形成新的格式塔(完形) (2)学习的过程:顿悟过程 (3)评价:肯定主体的能动作用,把学习视为主动构造完形的过程,强调观察、顿悟和理解等认知功能在学习中的作用,同时也批判了桑代克的联结—试误学习理论
托尔曼的符号学习理论	(1)学习观:①学习是有目的的,是期望的获得;②学习是对完形的认知,是形成认知地图的过程 (2)期望:个体依据已有经验建立的一种内部准备状态,是通过学习而形成的关于目标的认识和期待 (3)评价:把认知主义的观点引进行为主义的学习理论,改变了联结派学习理论把学习看成是盲目的、机械的过程的观点,重视学习的中介过程,强调学习的认知性和目的性

续表

学习理论	主要观点
布鲁纳的认知—发现学习理论	(1)学习观:①学习的实质在于主动形成认知结构;②学习包括获得、转化和评价三个过程 (2)教学观:①教学的目的在于理解学科的基本结构;②掌握学科的基本结构的教学原则(动机原则、结构原则、程序原则、强化原则) (3)发现学习:学生掌握学科的基本结构的最好方法是发现学习
奥苏伯尔的有意义接受学习理论	(1)从学生学习的方式上,将学习分为接受学习与发现学习。从学习内容与学习者认知结构的关系上,又将学习分为有意义学习和机械学习 (2)有意义学习的本质:以符号为代表的新观念与学习者认知结构中原有的适当观念建立起非人为的和实质性的联系的过程,是原有观念对新观念加以同化的过程。奥苏伯尔更强调有意义的接受学习,因为有意义的接受学习可以在短时期内使学生获得大量的系统知识 (3)有意义学习的条件:①客观条件,是指受学习材料本身性质的影响;②主观条件,是指受学习者自身因素的影响 (4)接受学习:学生通过教师呈现出的材料来掌握现成知识的一种学习方式。接受学习可能是主动的,也可能是被动的,它与被动学习、主动学习都没有必然联系。接受学习未必都是机械学习,它可以而且也应该是有意义的学习。总之,接受学习可以是有意义的接受学习,也可以是机械的接受学习 (5)组织学习的原则:逐渐分化原则、整合协调原则 (6)组织学习的策略——先行组织者:先于某个学习任务本身呈现的引导性学习材料
加涅的信息加工学习理论	(1)加涅将学习过程看作是信息加工流程 (2)加涅将学习过程划分为八个阶段:动机阶段、了解(领会)阶段、获得阶段、保持阶段、回忆阶段、概括阶段、操作阶段和反馈阶段

考点6 人本主义学习理论★★

学习理论	主要观点
有意义的自由学习观	有意义学习：一种涉及学习者是完整的人，使个体的行为、态度、个性以及在未来选择行动方针时发生重大变化的学习，是一种与学习者各种经验融合在一起的、使个体全身心地投入其中的学习 人本主义者倡导有意义的自由学习观
学生中心的教学观	学生中心模式又称为非指导性教学模式。在这个模式中，教师最富有意义的角色不是权威，而是"助产士"和"催化剂" 教师只是一个"为学习提供便利条件的人""学习的促进者" 人本主义理论提倡自我激励、自我调节的学习、情感教育、真实性评定、合作学习以及开放课堂和开放学校

考点7 建构主义学习理论★★★【常考题型：简答】

学习理论	主要观点
知识观	一定程度上对知识的客观性和确定性提出质疑，强调知识的动态性
学习观	强调学习的主动建构性、社会互动性和情境性
学生观	强调学习者本身已有的经验结构，认为学习者在学习新信息、解决新问题时往往可以基于相关的经验，依靠其认知能力形成对问题的解释。教学不能无视学生的已有经验，而是要把儿童现有的知识经验作为新知识的生长点，引导儿童从原有的知识经验中发展出新的知识经验

真题检测

真题1【2018上半年】简答：加涅将学习结果分为哪几类？

真题2【2018上半年】单项选择：在心理学实验中，为了使小狗能够区分开圆形光圈和椭圆形光圈，研究者只在圆形光圈出现时才给予食物强化，而在呈现椭圆形光圈时不给予强化，那么小狗便可以学会只对圆形光圈做出反应而不理会椭圆形光圈。该过程称为（　　）

A. 刺激的分化　　B. 刺激的泛化　　C. 刺激的获得　　D. 刺激的消退

真题 3 【2018 上半年】**单项选择**：美国学者罗杰斯认为，人皆具有先天的优良潜能，教育的作用在于使之实现。由此，他提出了“以学生为中心”“让学生自发学习”的教学模式。该模式被称为(　　)

A. 指导性教学　　B. 情景教学　　C. 非指导性教学　　D. 程序教学

真题 4 【2017 下半年】**辨析**：负强化和惩罚在本质上是相同的。

真题 5 【2017 上半年】**单项选择**：小马上课时害怕回答问题，他发现自己坐在教室后排时可减少老师提问的次数。于是，他总坐在教室后排。下列哪种强化方式导致了小马愿意坐在教室后排(　　)

A. 正强化　　B. 负强化　　C. 延迟强化　　D. 替代强化

真题 6 【2017 上半年】**辨析**：接受学习一定是有意义学习。

真题 7 【2016 下半年】**辨析**：行为改变都是学习的结果。

真题 8 【2016 上半年】**单项选择**：如果学生要学习的知识内容比较复杂，结构化程度很高，又必须在短时间内加以掌握，他们最宜采用的学习形式是(　　)

A. 发现学习　　B. 接受学习　　C. 合作学习　　D. 互动学习

参考答案及解析

1.【参考答案】(参见第 109 页“学习的分类”)

2. A【解析】刺激的分化，指机体只对条件刺激做出条件反应，而对其他相似刺激不做反应。题干描述的是刺激的分化。

3. C【解析】略。

4.【参考答案】这种说法是不正确的。负强化与惩罚本质不同。

5. B【解析】负强化也称消极强化，是通过消除或中止厌恶、不愉快刺激来增强反应频率。

6.【参考答案】这种说法是不正确的。接受学习可以是有意义的接受学习，也可以是机械的接受学习。

7.【参考答案】(参见第 109 页“学习的实质”)

8. B【解析】接受学习是指学生通过教师呈现出的材料来掌握现成知识的一种学习方式。奥苏伯尔强调有意义的接受学习，因为有意义的接受学习可以在短时期内使学生获得大量的系统知识。

第 11 天

今日目标

1. 理解个体心理发展的一般特征及影响因素。

2. 理解认知发展的理论。

3. 理解中学生认知发展的特点。

4. 理解情绪情感的分类及中学生的情绪特点。

5. 理解意志的品质。

专题一　中学生的心理发展特征概述

考点① 个体心理发展的一般特征 ★★【常考题型：单选】

个体心理发展的一般特征有：(1)连续性与阶段性；(2)定向性与顺序性；(3)不平衡性；(4)差异性。

考点② 影响个体心理发展的因素 ★★

(1)遗传：个体心理发展的生物前提和物质基础。

(2)环境：对个体的心理发展有着十分巨大的影响。

(3)教育：制约着学生心理发展的过程、方向、趋势、速度和程度。

(4)主观能动性：个体心理发展的内在动力。

专题二　中学生的认知发展

考点③ 认知发展的理论 ★★★【常考题型：单选、简答】

(一)皮亚杰的认知发展阶段理论

具体内容参见第 90 页的“皮亚杰的认知发展阶段理论”。

(二)维果茨基的最近发展区理论

1."文化—历史"发展理论的基本观点

(1)维果茨基强调社会文化在认知发展中的作用。人的高级心理机能是在与社会环境的交互作用中发展起来的,或者说人的高级心理活动起源于社会的交往。

(2)维果茨基强调,人的思维与智力是在活动中发展起来的,是借助于语言等符号系统不断内化的结果。

2.心理发展的实质与"内化说"

心理发展的实质是在环境和教育的影响下,个体在低级心理机能的基础上逐渐向高级心理机能转化的过程。他认为,发展大部分得益于由外向内,即个体通过内化,从情境中汲取知识,获得发展。内化说是维果茨基心理发展观的核心思想。

3.最近发展区的概念

维果茨基认为,儿童有两种发展水平:

一是儿童的现有水平,即由一定的已经完成的发展系统所形成的儿童心理机能的发展水平。

二是可能达到的发展水平,也就是通过教学所获得的潜力。

这两种水平之间的差异,就是最近发展区。也就是说,最近发展区是儿童在有指导的情况下,借助成人的帮助所能达到的解决问题的水平与独自解决问题所达到的水平之间的差异,实际上是两个邻近发展阶段间的过渡状态。

4."教学应走在发展前面"包含的两层含义

(1)教学在发展中起主导作用。

(2)教学创造着最近发展区。维果茨基强调教学不能只适应发展的现有水平,还应适应最近发展区,从而走在发展的前面,最终跨越"最近发展区"而达到新的发展水平。因此,教学的最佳效果产生于"最近发展区"。

5.适时辅导学生是教学的必由之路——教学支架的应用

为促进教学发展,维果茨基认为教师可采用教学支架,进行支架式教学,即在学生试图解决超出当前知识水平的问题时给予支持和指导,帮助其顺利通过最近发展区,使之最终能够独立完成任务。

考点4 中学生的认知发展特点★★【常考题型:单选】

—	发展特点
感觉	(1)视觉感受性不断提高,区别颜色的精确性明显提高,视觉敏感发展到一生中的最高水平,即达到或超过成人水平;(2)听觉感受性不断提高,区别高音的能力明显增长;(3)运动觉和平衡觉不断提高
知觉	(1)知觉的有意性和目的性进一步提高,能够比较稳定地、长时间地进行知觉;(2)知觉的精确性和概括性不断提高;(3)少年期学生开始出现逻辑知觉。此外,知觉的发展还集中体现在青少年知觉的整体性、理解性、选择性和恒常性的发展上
观察力	(1)具有明确的目的性;(2)持久性明显发展;(3)精确性提高;(4)概括性增强
注意	(1)有意注意发展明显;(2)不论何种注意,都在逐步深化;(3)注意特征存在个体差异;(4)注意品质不断改善
记忆	(1)中学生记忆发展的总体趋势是随着年龄的增长记忆力不断提高,到16岁趋于成熟;(2)同一年龄的中学生,受所记材料性质的影响,记忆效果不一样;(3)短时记忆广度随年级增长而不断增大;随着年龄的增长,中学生的有意记忆和无意记忆效果都不断提高,但有意记忆逐渐占主导地位;以理解记忆为主要记忆手段;(4)抽象记忆在中学阶段占了主导地位
想象	(1)想象的有意性迅速增长;(2)想象的现实性在不断发展;(3)想象中创造性成分日益增多
思维	(1)中学生逻辑思维的发展;(2)对问题情境的思维有质的飞跃;(3)思维品质的矛盾性;(4)中学生思维监控的发展;(5)中学生创造性思维的发展

专题三　中学生的情绪情感发展

考点5 情绪情感概述★【常考题型:单选】

(一)情绪和情感的概念

情绪和情感是人对客观事物的态度体验及相应的行为反应。认知是情绪和情感产生的基础,需要是引发情绪和情感的中介。

情绪和情感是由独特的主观体验、外部表现和生理唤醒三种成分组成的。

(二)情绪和情感的关系

1. 区别

区别	情绪	情感
需要的角度	是原始的、低级的态度体验,与生理需要是否满足相联系,是人和动物共有的	是人类所特有的心理活动,具有一定的社会历史性,是后继的、高级的态度体验,与社会需要是否满足相联系
发生的角度	可以由对事物单纯的感知觉直接引起,具有情境性和易变性	由对事物复杂意义的理解所引起,具有稳定性和持久性
表现形式	体验强度大,往往带有冲动性,并伴随明显的外部表现	比较内隐,较为深沉

2. 联系

(1)情绪是情感的基础,情感离不开情绪。

(2)对人类而言,情绪离不开情感,是情感的具体表现。

(三)情绪和情感的分类

1. 情绪的分类

类型	概念
心境	是一种微弱的、持续时间较长的,带有弥漫性的情绪状态
激情	是一种爆发式的、猛烈而时间短暂的情绪状态
应激	是出乎意料的紧迫情况所引起的急速而高度紧张的情绪状态

2. 情感的分类

类型	概念
道德感	是根据一定的道德标准评价人的思想、意图和言行时所产生的主观体验
美感	是人们根据一定的审美标准对自然或社会现象及其在艺术上的表现予以评价时所产生的情感体验
理智感	是人认识事物和探求真理的需要是否得到满足而产生的主观体验

(四)情绪和情感的功能

(1)适应功能;(2)动机功能;(3)组织功能;(4)信号功能;(5)健康功能;(6)感染功能。此外,情绪和情感还具有强化功能、迁移功能、疏导功能和协调功能。

考点6 情绪理论★★★【常考题型:简答】

理论	主要内容
詹姆士—朗格的机体知觉理论	情绪刺激引起身体的生理反应,而生理反应进一步导致情绪体验的产生。因此,后人也称该理论为情绪的“外周”理论
坎农—巴德学说	情绪的中枢不在外周神经系统,而在中枢神经系统的丘脑。外界刺激引起感觉器官的神经冲动,传至丘脑,再由丘脑同时向大脑和植物性神经系统发出神经冲动,从而在大脑产生情绪的主观体验而由植物性神经系统产生个体的生理变化

续表

理论	主要内容
阿诺德的评定—兴奋情绪学说	(1)刺激情境并不直接决定情绪的性质,从刺激出现到情绪的产生,要经过对刺激的估量和评价,情绪产生的过程是:刺激情境—评估—情绪 (2)情绪的产生是大脑皮层和皮下组织协同活动的结果,大脑皮层的兴奋是情绪行为的最重要的条件 (3)情绪产生的理论模式是,感受器接受情绪刺激产生神经冲动,通过内导神经经丘脑传到大脑皮层,刺激情境在此得到评估,形成一种特殊的态度。这种态度通过外导神经将皮层的冲动传至丘脑的交感神经,将兴奋发放到血管或内脏,所产生的变化使其获得感觉。这种从外周来的反馈信息,在大脑皮层中被估价,使纯粹的认识经验转化为被感受到的情绪
沙赫特的两因素情绪理论	情绪的产生有两个不可缺少的因素:一是个体必须体验到高度的生理唤醒;二是个体必须对生理状态的变化进行认知性的唤醒 情绪状态是由认知过程、生理状态、环境因素在大脑皮层中整合的结果

考点7 中学生的情绪特点★★★【常考题型:单选、材料分析】

(1)中学生情绪非常丰富。

(2)中学生的情绪反应强烈,易动感情。

(3)情绪理解力增强,学会运用情绪表达规则。

(4)能采用有效的情绪调节手段。

(5)中学生情绪的延续性较长,心境化。

(6)出现反抗情绪与逆反心理。

(7)中学生情绪变化的两极性:复杂与简单共存;强与弱共存;波动和稳定共存;微妙的隐蔽性;意志的两极性;人际关系的两极性;容易移情。

考点8 中学生良好情绪的培养★★

(一)中学生良好情绪的标准

(1)有良好情绪的学生能正确反映一定环境的影响,善于准确表达自己的感受。

(2)有良好情绪的学生能对引起情绪的刺激做出适当强度的反应。

(3)有良好情绪的学生应该具备情绪反应的转移能力。

(4)良好的情绪应符合学生的年龄特点。

(二)中学生良好情绪的培养方法

(1)正确认识情绪,形成正当、合理的需要。

(2)培养正确的人生观,充实和丰富中学生的精神世界,培养健康的情趣。

(3)锻炼身体。

(4)使自己永远保持一种乐观、向上的情绪基调,培养幽默感。

(5)培养高尚的道德情操,培养中学生爱生活、爱祖国、爱人民的思想情感。

(6)培养消除不良情绪的能力。

(三)对中学生情绪调节的指导

(1)教会学生形成适宜的情绪状态。

(2)丰富学生的情绪体验。

(3)引导学生正确看待问题(调整认知)。

(4)教会学生情绪调节的方法。

①认知调节法;②合理宣泄法(自我排解);③意志调节法;④转移注意法;⑤幽默法。

(5)通过实际锻炼提高学生的情绪调节能力。

考点9 压力与自我防御机制★★★【常考题型:简答】

从心理学角度来看,压力一定是和某人本身的心理状况有关,即心理压力。心理压力,是指人们由于一些已经发生或即将发生的、存在或虚幻的事件而产生的精神困扰。并且这些困扰使得人的精神思想和行为语言受到了一定影响的一种情绪情感体验。

压力产生的来源:(1)躯体性压力源;(2)心理性压力源;(3)社会性压力源;(4)文化性压力源。

自我防御体系为弗洛伊德创立的精神分析学派中的专业用语,它是指个体在精神受干扰时用以避开干扰、保持心理平衡的心理机制。常见的自我防御机制有:否认、压抑、合理化、移置、投射、退行及升华等。

专题四 中学生的意志发展

考点10 意志的概念及意志行动的过程★★★【常考题型:材料分析】

(一)意志的概念

意志是指人自觉地确定目的,有意识地根据目的、动机调节支配行动,努力克服困难,实现目标的心理过程。

(二)意志行动的过程

1. 准备阶段(采取决定阶段/确定决定阶段)

准备阶段,包括动机斗争、确定目标、选择行动方法和制订行动计划等环节。

其中,动机斗争的类型有以下四种:

种类	概念	典例
双趋冲突	从自己同时都很喜爱的两个事物中仅择其一的心理状态	鱼与熊掌不可兼得;高考填志愿,有人既想学文科又想学理科
双避冲突	从希望回避的两种事物中必取其一的心理状态	进退维谷
趋避冲突	对同一目的兼具好恶的矛盾心理	既想当班干部又怕耽误时间、影响学习
多重趋避冲突	对含有吸引与排斥两种力量的多种目标予以选择时所发生的冲突	大学毕业生就业中的选择困难

2. 执行决定阶段

行动计划制订后,执行计划,采取有效的行动,是达到目的的关键步骤。执行决定阶段是意志行动的中心环节,是意志努力的集中表现。

考点11 意志的品质

品质	内涵
意志的自觉性	是一个人清晰地意识到自己行动的目的和意义,并且能够主动地支配自己的行动,使之符合既定目的的意志品质 与自觉性品质相反的是受暗示性(盲从)和独断性
意志的果断性	是一种善于辨明是非、抓住时机、迅速而合理地采取决定并执行决定的意志品质 与果断性品质相反的是优柔寡断和草率决定
意志的自制性	是一个人善于控制和支配自己的情绪,约束自己言行的品质 与自制性相反的意志品质是任性和怯懦
意志的坚韧性(坚持性)	是一个人在行动中坚持决定,百折不挠地克服重重困难去达到行动目的的品质 与坚韧性相反的意志品质是动摇性和执拗性

考点12 良好意志品质的培养

(1)加强生活目的性教育,树立科学的世界观、远大的理想和信念,培养学生行为的目的性,减少其行动的盲目性。

(2)加强养成教育,培养学生的自制能力。

(3)组织实践活动,在困难环境中锻炼学生的意志,让学生取得意志锻炼的直接经验。

(4)教育学生正确地对待挫折。

(5)根据学生意志品质上的差异,采取不同的锻炼措施。

(6)发挥教师、班集体和榜样的模范作用,给予必要的纪律约束。

(7)加强自我锻炼,从点滴小事做起。

真题检测

真题1 【2017 下半年】单项选择:当解出一道困惑自己许久的难题时,小明感到无比兴奋、激动。心理学上将小明此时的情感体验称为(　　)

A. 道德感　　　　B. 理智感

C. 美感　　　　D. 幸福感

真题 2 【2016 上半年】**材料分析**：中学生晓雯是一个品学兼优的学生，教师与同学都很喜欢她。但她需要进行选择与决策时，总是拿不定主意，处于矛盾中。例如：有同学建议晓雯竞选班长，她也有此想法，但又担心班级事务繁多影响自己的学习；学校举行数学竞赛，她渴望参加，却又担心无法完成教师交给她的创建班级环境规划的任务；日常生活中，晓雯也常常对要参加集体活动还是温习功课拿不定主意；在专业选择问题上，她既想成为一名音乐家，又想成为一名心理学家。

问题：

(1)请运用动机冲突的相关知识分析晓雯的问题。

(2)假如你是晓雯的班主任教师，你如何帮助她？

真题 3 【2016 上半年】**简答**：简述维果茨基的心理发展理论。

真题 4 【2015 下半年】**简答**：简述压力产生的来源。

真题 5 【2015 上半年】**简答**：简述阿诺德的评定—兴奋情绪学说。

真题 6 【2014 上半年】**单项选择**：学生的实际发展水平与在成人的指导下可以达到的水平之间的差距，维果茨基称之为(　　)

A. 教学支架　　B. 最近发展区　　C. 先行组织者　　D. 互相协助

参考答案及解析

1. B【解析】略。
2. 【参考答案】材料中体现的动机冲突主要有：趋避冲突和双趋冲突。
3. 【参考答案】(参见第 117 页“维果茨基的最近发展区理论”)
4. 【参考答案】(1)躯体性压力源；(2)心理性压力源；(3)社会性压力源；(4)文化性压力源。
5. 【参考答案】(参见第 120 页“情绪理论”)
6. B【解析】维果茨基认为，儿童有两种发展水平：一是儿童的现有水平，即由一定的已经完成的发展系统所形成的儿童心理机能的发展水平；二是可能达到的发展水平。这两种水平之间的差异，就是最近发展区。

第 12 天

今日目标

1. 掌握能力的分类及结构。
2. 掌握人格的结构。
3. 理解埃里克森的人格发展阶段理论。
4. 理解自我意识的发展阶段。

专题一　中学生的能力发展

考点 1 能力概述 ★★★【常考题型:辨析】

(一)能力的概念

能力是直接影响人的活动效率,促使活动顺利完成的个性心理特征。

(二)能力与知识、技能的关系

联系	能力是掌握知识与技能的前提
	能力是在掌握知识和技能的过程中形成和发展起来的,掌握系统的知识和技能有利于能力的增长和发挥
区别	能力与知识、技能具有不同的概括水平
	在一个人身上,知识和技能的发展是无止境的,它随着学习进程的不断增多而不断丰富;而能力的发展则有一定的限度
	知识、技能的掌握和能力的发展是不同步的。知识多了,能力并不一定就高。教师在教学中不仅要向学生传授知识,更要注重培养和发展学生的能力

考点2 能力的结构(智力结构)★★★【常考题型:辨析】

结构理论	概述
斯皮尔曼的二因素论	英国心理学家斯皮尔曼首先提出了智力的二因素论。他认为,智力包括两种因素:一般因素(即G因素)和特殊因素(即S因素)。G因素代表一个人普遍而概括化的能力,参与所有的智力活动。一个人智力高低取决于G因素的数量
智力的三维结构论	美国心理学家吉尔福特提出了智力的三维结构论。他认为,智力是一个由不同方式对不同信息进行加工的各种能力的综合系统,是一个包括内容、操作和成果的三维结构。其中,操作代表智力的高低
卡特尔的智力形态论	流体智力是一个人生来就能进行智力活动的能力,即学习和解决问题的能力。它是一种以生理为基础的认知能力,受先天遗传因素的影响较大,主要表现为对新奇事物的快速辨认、记忆、理解等,如记忆广度。流体智力的特征是:对不熟悉的事物,能以迅速、准确的反应来判断其彼此间的关系。流体智力的发展与年龄有密切的关系。一般人在20岁以后,流体智力的发展达到顶峰,30岁以后随着年龄的增长而降低。此外,心理学家们还发现,流体智力属于人类的基本能力,受教育文化的影响较少 晶体智力则是一个人通过其流体智力所学到的并得到完善的能力,是通过学习语言和其他经验而发展起来的。它是以学得的经验为基础的认知能力,受后天经验的影响较大,主要表现为运用已有知识和技能去吸收新知识和解决新问题的能力。显然,晶体智力与教育、文化有关,但在个体差异上与年龄的变化没有密切关系,晶体智力不因年龄增长而降低,有些人甚至因知识经验的累积,晶体智力随着年龄的增长而升高
多元智力理论	多元智力理论是美国心理学家加德纳提出的。加德纳认为,人的智力结构中存在着七种相对独立的智力:言语智力、逻辑—数学智力、视觉—空间智力、音乐智力、运动智力、人际智力(也即社交智力)、自知智力(也即内省智力)
斯腾伯格的三元智力论	美国耶鲁大学的心理学家斯腾伯格提出了智力的三元理论。该理论包括智力成分亚理论、智力情境亚理论和智力经验亚理论

温馨提示

能力的结构是重要知识点，其中流体智力和晶体智力是历年常考点，常以辨析题的形式进行考查，考生需理解掌握。

考点3 能力的差异★★★【常考题型：辨析】

(1)能力类型差异。

(2)能力发展水平的差异。心理学家对于IQ分数与学业成绩的关系进行了大量的相关统计分析，一致的结果是：IQ与学业成绩存在中等程度的相关，其相关系数在小学阶段为0.6~0.7，在中学阶段为0.5~0.6，在大学阶段为0.4~0.5。这说明智力是影响学习的一个重要因素，但不是唯一因素，学习动机、人格特征乃至集体和教师等社会因素对学习成绩都有重大影响。

(3)能力表现早晚的差异。

(4)特殊能力的差异。

(5)智力的性别差异。智力的性别差异表现在：①男女智力的总体水平大致相等，但男性智力分布的离散程度比女性大；②男女的智力结构存在差异。

考点4 能力的测量★★【常考题型：单选】

(一)一般能力测验

最早的智力测验是由法国心理学家比纳和西蒙于1905年编制的，称为比纳—西蒙智力量表。他们提出用智力年龄来表示智力水平，简称智龄。后经美国斯坦福大学推孟教授的翻译和修订，改名为斯坦福—比纳量表。这是目前世界上广泛流传的智力测验之一。

智商(IQ)＝智龄÷实龄×100

后来发展起来的韦克斯勒智力量表，简称韦氏智力量表，它改用离差智商来衡量人们的智力水平。韦氏智力量表的离差智商是以100为平均数、15为标准差的一种标准分数，代表一个人的智力水平偏离本年龄组平均水平的方向和程度，计算公式如下：

$IQ = 100 + 15Z$

$Z = (X - \overline{X})/SD$

Z代表个体的标准分，X表示个体测验得分(原始分数)，$\overline{X}$代表相应年龄群体的平均分，SD是群体得分的标准差。

(二)特殊能力测验和创造力测验

(1)特殊能力测验。常见的特殊能力测验主要有音乐能力测验、美术能力测验和机械能力测验。

(2)创造力测验。创造力测验发展较晚,从20世纪50年代末期开始编制,主要包括南加利福尼亚大学发散思维测验、托兰斯创造性思维测验和芝加哥大学创造力测验等。

(三)智力测验的标准

(1)信度:一个测验量表的可靠程度(或可信程度)。

(2)效度:一个测验工具希望测到某种行为特征的有效性与准确程度。

(3)标准化。标准化是心理测验最基本的要求。

考点5 影响能力发展的因素及学生能力的培养

(一)影响能力发展的因素

(1)遗传与营养;(2)早期经验;(3)教育与教学;(4)社会实践;(5)主观努力。

(二)学生能力的培养

(1)注重对学生早期能力的培养;(2)教学中要加强知识与技能的学习与训练;(3)教学中要针对学生的能力差异因材施教;(4)在教学中要积极培养学生的元认知能力和创造能力;(5)社会实践活动是培养学生能力的基本途径;(6)要注意培养学生的非智力因素。

专题二　中学生的人格发展

考点6 人格的概念及特征★★【常考题型:单选】

(一)人格的概念

人格是构成一个人的思想、情感及行为的特有模式,这个独特模式包含了一个人区别于他人的稳定而统一的心理品质,即人格是决定个体的外显行为和内隐行为,并使其与他人行为有稳定区别的综合心理特征。

(二)人格的特征

1. 独特性

一个人的人格是在遗传、成熟、环境、教育等先后天因素的交互作用下形成的。不同的遗传、生存及教育环境，形成了各自独特的心理特点。

2. 稳定性

一个人的某种人格特点一旦形成，就相对稳定下来了，要想改变它，是比较困难的事情。这种稳定性还表现在，人格特征在不同时空下表现出一致性的特点。

3. 整合性(统合性)

人格是由多种成分构成的有机体，具有内在的一致性，受自我意识的调控。当人格结构的各方面彼此和谐一致时，就会呈现出健康的人格特征，否则，就会产生心理冲突，出现适应困难。

4. 功能性

人格是一个人生活成败、喜怒哀乐的根源。人格决定一个人的生活方式，甚至会决定一个人的命运。因而是人生成败的根源。

5. 社会性

人格的社会性是指社会化把人这样的动物变成社会的成员。

考点7 人格的结构★【常考题型：单选】

(一)气质

1. 气质的概念

气质是表现在心理活动的强度、速度、灵活性与指向性等方面的一种稳定的心理特征。即我们平时所说的脾气、秉性。

2. 气质的类型

类型	主要特征
胆汁质	胆汁质的人以精力旺盛、粗枝大叶、表里如一、刚强、易感情用事为特征。整个心理活动笼罩着迅速而突发的色彩
多血质	多血质的人以反应迅速、有朝气、活泼好动、动作敏捷、情绪不稳定为特征
黏液质	黏液质的人稳重，但灵活性不足；踏实，但有些死板；沉着冷静，但缺乏生气
抑郁质	抑郁质的人以敏锐、稳重、体验深刻、外表温柔、怯懦、孤独、行动缓慢为特征

(二)性格

1. 性格的概念

性格是指人的较稳定的态度与习惯化了的行为方式相结合而形成的人格特征。它是一个人的心理面貌本质属性的独特结合,是人与人相互区别的主要方面。

2. 性格的特征差异

代表人物	类型	概述
奥尔波特	共同特质	是在同一文化形态下的群体所共同具有的特质,它是在共同的生活方式下形成的
	个人特质	是个人所独有的、代表个人行为倾向的特质,它包括首要特质、中心特质和次要特质
卡特尔	表面特质	指从外部行为能直接观察到的特质
	根源特质	是决定外显行为的潜在变量,是人格的本质
苏联心理学家	性格的态度特征	个体对自己、他人、集体、社会以及对工作、劳动、学习的态度特征,如谦虚或自负、利他或利己、粗心或细心、创造或墨守成规等。性格的态度特征在性格结构中具有核心意义
	性格的意志特征	指个体自觉地确定目标,调节支配行为,从而达到目标的性格特征,如顽强拼搏、当机立断
	性格的情绪特征	指个体稳定而独特的情绪活动方式,如情绪活动的强度、稳定性、持久性和主导心境等方面的特征
	性格的理智特征	指个体在感知、记忆、想象、思维等认知过程中表现出来的认知特点和风格,如主动感知或被动感知,习惯于看到细节还是看到轮廓等

3. 良好性格的培养方法

(1)加强人生观、世界观和价值观教育。

(2)及时强化学生的积极行为。

(3)充分利用榜样人物的示范作用。

(4)利用集体的教育力量。

(5)提供实际锻炼的机会。

(6)及时进行个别指导。

(7)提高学生的自我教育能力。

(三)认知风格

1. 场依存型与场独立型

心理学家把外界环境描述为一个场。美国心理学家赫尔曼·威特金将认知方式分为两种:场依存型与场独立型。场依存型的学生对客观事物的判断常以外部线索为依据,其态度和自我认知易受周围环境或背景(尤其是权威人士)的影响,往往不易独立地对事物做出判断,而是人云亦云,从他人处获得标准;行为常以社会为定向,社会敏感性强,爱好社交活动。场独立型的学生对客观事物的判断常以自己的内部线索(经验、价值观)为依据,不易受到周围环境因素的影响和干扰,倾向于对事物的独立判断;行为常是非社会定向的,社会敏感性差,不善于社交,关心抽象的概念和理论,喜欢独处。

2. 冲动型与沉思型

冲动型的学生在解决认知任务时,总是急于给出问题的答案,而不习惯对解决问题的各种可能性进行全面思考,有时问题还未弄清楚就开始解答。这种类型的学生认知问题的速度虽然很快,但错误率高,在运用低层次事实性信息的问题解决中占优势。沉思型的学生在解决认知任务时,总是谨慎、全面地检查各种假设,在确认没有问题的情况下才会给出答案。这种类型的学生解答认知问题的速度虽然慢,但错误率很低,在解决高层次问题时占优势。

3. 同时性与继时性

同时性认知风格的特点是:在解决问题时,采取宽视野的方式,同时考虑多种假设,并兼顾到解决问题的各种可能性。其解决问题的方式是发散式的。

继时性认知风格的特点是:在解决问题时,能一步一步地分析问题,每一个步骤只考虑一种假设或一种属性,提出的假设在时间上有明显的先后顺序,第一个假设成立后再检验第二个假设,解决问题的过程像链条一样,一环扣一环,直到找到问题的答案。

(四)A—B型人格结构理论

福利曼和罗斯曼描述了A—B人格类型,近年来,人们在研究人格和工作压力的关系时,常使用这种人格类型。

A型人格的主要特点是:性情急躁,缺乏耐性。他们的成就欲高、上进心强、有苦干精神、工作投入、做事认真负责、时间紧迫感强、富有竞争意识、外向、动作敏捷、说话快、生活常处于紧张状态,但办事匆忙、社会适应性差,属于不安定型人格。

B 型人格的特点是:性情不温不火,举止稳当,对工作和生活的满足感强,喜欢慢步调的生活节奏,在需要审慎思考和耐心的工作中,B 型人往往比 A 型人表现得更好。

考点 8 埃里克森的人格发展阶段理论★★【常考题型:单选】

美国精神分析学家埃里克森认为,人格发展是一个逐渐形成的过程,必须经历八个顺序不变的阶段,其中前五个阶段属于儿童成长和接受教育的时期。每一个阶段都有一个由生物学的成熟与社会文化环境、社会期望之间的冲突和矛盾所决定的发展危机。成功而合理地解决每个阶段的危机或冲突将使个体形成积极的人格特征和健全的人格。

(1)基本的信任感对基本的不信任感(0～1.5 岁)

本阶段的发展任务是发展对周围世界,尤其是对社会环境的基本态度,培养信任感。

(2)自主感对羞耻感(2～3 岁)

本阶段的发展任务是培养自主性。

(3)主动感对内疚感(4～5 岁)

本阶段的发展任务是培养主动性。

(4)勤奋感对自卑感(6～11 岁)

本阶段的发展任务是培养勤奋感。

(5)自我同一性对角色混乱(12～18 岁)

本阶段的发展任务是培养自我同一性。

其他三个阶段分别为:亲密感对孤独感(成年早期)、繁殖感对停滞感(成年中期)、自我整合对绝望感(成年晚期)。

考点 9 自我意识的发展阶段★★

个体自我意识的发展经历了从生理自我到社会自我,再到心理自我的过程。

1. 生理自我(自我中心期)

生理自我是自我意识最原始的形态。生理自我在 3 岁左右基本成熟。

2. 社会自我(客观化时期)

儿童在 3 岁以后,自我意识的发展进入社会自我阶段。社会自我至少年期基本成熟。

3. 心理自我(主观自我时期)

心理自我是在青春期开始发展和形成的。

真题检测

真题1【2018 上半年】辨析：学生知识越多，说明学生能力越强。

真题2【2017 下半年】单项选择：按照埃里克森的人格发展阶段理论，12～18 岁个体心理发展的主要任务是(　　)

A. 强化自我主动性　　B. 培养勤奋感

C. 建立自我同一性　　D. 获得亲密感

真题3【2017 上半年】单项选择：中学生晓楠极端争强好胜，性格急躁，富有竞争意识，外向，常常处于紧张状态，很难使自己放松。晓楠的人格特征属于(　　)

A. A 型人格　　B. B 型人格　　C. C 型人格　　D. D 型人格

真题4【2016 下半年】单项选择：小林诚实内向，谦虚勤奋，且具有亲和力。这些描述说明的是小林的(　　)

A. 性格特征　　B. 能力特征　　C. 气质特征　　D. 认知特征

真题5【2016 下半年】单项选择：在一次业务学习中，关于青春期后个体自我意识的发展进入什么阶段，教师们讨论激烈，提出了以下四种见解，其中正确的是(　　)

A. 生理自我阶段　　B. 心理自我阶段

C. 社会自我阶段　　D. 经验自我阶段

真题6【2016 上半年】辨析：智力水平越高，学习成绩越好。

真题7【2016 上半年】单项选择：中学生小孙近期心理很矛盾，觉得未来的自己应该是一名科学家，但又觉得能力有限，遥不可及。根据埃里克森的人格发展阶段理论，当前小孙的主要发展任务是(　　)

A. 获得勤奋感　　B. 克服内疚感

C. 避免孤独感　　D. 建立自我同一性

真题8【2015 下半年】单项选择：小丽是一名热爱班级、团结同学、乐于助人和诚实正直的学生，这主要反映了小丽的哪种性格结构特征(　　)

A. 态度特征　　B. 情绪特征　　C. 理智特征　　D. 意志特征

真题9【2015 上半年】辨析：流体智力属于人类的基本能力，它受教育、文化的影响较大。

真题10【2015 上半年】单项选择：初中生晓敏在解决问题时，习惯于一步一步地分析问题，每步只考虑一种假设或一种属性，提出的假设在时间上有明显的先后顺序。晓敏的认知风格类型属于(　　)

A. 冲动型　　B. 直觉型　　C. 继时性　　D. 同时性

真题11 【2014 上半年】**单项选择**:通过测验来评定学生的学业成绩是中学常用的评价方法,在一个测验中,衡量是否达到测验目的的程度,即是否测出了所要测量的东西的指标是( )

A. 信度　　B. 效度　　C. 难易度　　D. 区分度

真题12 【2014 上半年】**单项选择**:小琼十分内向,不爱说话,无论是在陌生的环境还是在家里都少言寡语。这表明人格具有( )

A. 整体性　　B. 稳定性　　C. 独特性　　D. 功能性

参考答案及解析

1.【参考答案】(参见第 126 页“能力概述”)

2. C【解析】埃里克森认为,人格的发展贯穿于个体的一生,整个发展过程可以划分为八个阶段。其中,12 ~ 18 岁个体的发展任务是培养自我同一性。

3. A【解析】A 型人格的主要特点是:性情急躁,缺乏耐性。他们的成就欲高、上进心强、有苦干精神、工作投入、做事认真负责、时间紧迫感强、富有竞争意识、外向、动作敏捷、说话快、生活常处于紧张状态,但办事匆忙、社会适应性差,属于不安定型人格。题干中晓楠的人格特征属于 A 型人格。

4. A【解析】性格是指人的较稳定的态度与习惯化了的行为方式相结合而形成的人格特征。它是一个人的心理面貌本质属性的独特结合,是人与人相互区别的主要方面。

5. B【解析】心理自我是在青春期开始发展和形成的。这时,青年开始形成自觉地按照一定的行动目标和社会准则来评价自己的心理品质和能力。

6.【参考答案】(参见第 128 页“能力的差异”)

7. D【解析】略。

8. A【解析】性格的态度特征是指个体对自己、他人、集体、社会以及对工作、劳动、学习的态度特征。题干的描述体现了性格的态度特征。

9.【参考答案】(参见第 127 页“能力的结构(智力结构)”)

10. C【解析】题干所述是继时性认知风格的特点。

11. B【解析】略。

12. B【解析】一个人的某种人格特点一旦形成,就相对稳定下来了,要想改变它,是比较困难的事情。这种稳定性还表现在,人格特征在不同时空下表现出一致性的特点。

第13天

今日目标

1. 理解心理健康及心理健康教育。

2. 掌握心理辅导。

3. 理解中学生常见的心理健康问题及应对策略。

专题　学生的心理健康及其维护

考点1 心理健康及心理健康教育★★【常考题型:单选】

(一)心理健康的概念

健康指的是有机体的一种机能状态,一般指机能正常,没有缺陷和疾病。世界卫生组织指出,健康应包括生理、心理、社会适应和道德健康等。

世界卫生组织认为,心理健康是一种良好的、持续的心理状态与过程,表现为个体具有生命的活力,积极的内心体验,良好的社会适应能力,能够有效地发挥个人的身心潜力以及作为社会一员的积极的社会功能。

(二)心理健康的标准

1. 一般人心理健康的标准

(1)智力正常;(2)情绪适中;(3)意志健全;(4)人格统一;(5)人际关系和谐;(6)与社会协调一致;(7)自我意识正确;(8)生活平衡积极;(9)心理特点符合年龄特征。

2. 中学生的心理健康标准

(1)恰当解决同一性危机,心理状态变得稳定。

(2)恰当处理独立与依赖的需求,不盲目或过度反叛,和父母保持良好的关系。

(3)能从容面对自己的生理和身体变化,以正确的态度面对异性的关系以及性的问题。

(4)发展出抽象思维能力,更具逻辑性和推理性,并发展出元认知能力。

(5)发展出恰当的道德水平,对如何做一个公民有所思考。

(三)心理健康教育的意义

(1)心理健康教育是预防精神疾病,保障学生心理健康的需要。学校是学生心理健康教育的主要场所。

(2)心理健康教育是提高学生心理素质,促进其人格健全发展的需要。

(3)心理健康教育是学校日常教育教学工作的配合与补充。

(四)心理健康教育的目标

心理健康教育的总目标是:提高全体学生的心理素质,充分开发他们的潜能,培养学生乐观、向上的心理品质,促进学生人格的健全发展。

(五)学校开展心理健康教育的途径

(1)开设心理健康教育的有关课程和心理辅导的活动课。

(2)在学科教学中渗透心理健康教育的内容。

(3)结合班级、团队活动开展心理健康教育。

(4)个别心理辅导或咨询。

(5)小组辅导。

考点2 心理辅导★★★【常考题型:单选、简答】

(一)心理辅导的内涵

1. 心理辅导的概念

心理辅导是指学校教育者根据学生心理发展的特征与规律,在一种新型的、建设性的人际关系中,运用心理学等专业知识技能,设计与组织各种教育性活动,以帮助学生形成良好的心理素质,充分发挥个人潜能,进一步提高心理健康水平的过程。

2. 理解心理辅导的概念

理解心理辅导的概念,要特别注意以下几点:

(1)学校心理辅导强调面向全体学生。

(2)辅导以正常学生为主要对象,以发展辅导为主要内容。

(3)心理辅导是一种专业活动,是专业知识和技能的运用。

3. 心理辅导的原则

要做好心理辅导工作,必须遵循的原则主要有:(1)面向全体学生;(2)预防与发展相结合;(3)尊重与理解学生;(4)发挥学生的主体性;(5)个别对待学生;(6)促进学生整体性发展。

(二)心理辅导的目标

学校心理辅导的一般目标可归纳为两个方面:学会调适和寻求发展。学会调适是基本目标,以此为主要目标的心理辅导可称为调适性辅导;寻求发展是高级目标,以此为主要目标的心理辅导可称为发展性辅导。

(三)心理辅导的主要方法

1. 行为改变的基本方法

(1)强化法

强化法用来培养新的适应行为。根据学习原理,一个行为发生后,如果紧跟着一个强化刺激,这个行为就会再一次发生。

(2)代币奖励法

代币是一种象征性强化物,筹码、小红星、盖章的卡片、特制的塑料币等都可作为代币。当学生做出我们所期待的良好行为后,就发给数量相当的代币作为强化物。学生用代币可以兑换有实际价值的奖励物或活动。代币奖励的优点是可使奖励的数量与学生良好行为的数量、质量相适应,代币不会像原始强化物那样产生“饱”现象而使强化失效。

(3)行为契约法

行为契约法是双方通过达成协议来建立一定程度的目标行为的方法。

(4)行为塑造法

行为塑造是指通过不断强化逐渐趋近目标的反应,来形成某种较复杂的行为。有时候我们所期望的行为在某学生身上很少出现或很少完整地出现,此时我们可以依次强化那些渐趋目标的行为,直到合意行为的出现。

(5)自我控制法

自我控制法则是让当事人自己运用学习原理,进行自我分析、自我监督、自我强化、自我惩罚,以改善自身行为。

2. 行为演练的基本方法

(1)全身松弛法

全身松弛法,或称全身松弛训练,是通过改变肌肉紧张,减轻肌肉紧张引起的酸痛,以应对情绪上的紧张、不安、焦虑和气愤。

(2)系统脱敏法

系统脱敏是指当某些人对某事物、某环境产生敏感反应(害怕、焦虑、不安)时,我们可以在当事人身上发展起一种不相容的反应,使对本来可引起敏感反应的事物,不再发生敏感反应。系统脱敏法包括以下几个步骤:①进行全身放松训练。②建立焦虑刺激等级表。③焦虑刺激与松弛活动相配合。

(3)肯定性训练

肯定性训练,也叫自信训练、果敢训练,其目的是促进个人在人际关系中公开表达自己的真实情感和观点,维护自己权益也尊重别人权益,发展人的自我肯定行为。

3. 改善学生认知的方法

(1)认知疗法

认知疗法于20世纪60~70年代在美国产生,是根据人的认知过程,影响其情绪和行为的理论假设,通过认知和行为技术来改变求治者的不良认知,从而矫正并适应不良行为的心理治疗方法。

(2)来访者中心疗法

来访者中心疗法又称患者中心疗法,是著名的人本主义心理学家罗杰斯于1938~1950年期间创立的一种独特的理论方法体系。

每个人都具有生存、成长和促进自身发展的本能的自我实现倾向。

(3)理性—情绪疗法

理性—情绪疗法(RET),又称合理情绪疗法,是20世纪50年代由艾里斯在美国创立,它是认知疗法的一种,因其采用了行为治疗的一些方法,故又被称为认知行为疗法。

艾里斯认为,人的情绪是由他的思想决定的,合理的观念导致健康的情绪,不合理的观念导致负向的、不稳定的情绪。人有许多非理性的观念,如我"必须"成功,并得到他人赞同,别人"必须"对我关怀和体贴;事情"应该"做得尽善尽美;课堂上回答问题有错误是很糟糕的事等。

人们持有的不合理信念总结起来有三个特征:绝对化要求、概括化要求和糟糕至极。

艾里斯提出了一个解释人的行为的 ABC 理论。

A:个体遇到的主要事实、行为、事件。

B:个体对 A 的信念、观点。

C:事件造成的情绪结果。

我们的情绪反应 C 是由 B(我们的信念)直接决定的。可是许多人只注意 A 与 C 的关系,而忽略了 C 是由 B 造成的。B 如果是一个非理性的观念,就会造成负向情绪。若要改善情绪状态,必须驳斥(D)非理性信念 B,建立新观念并获得正向的情绪效果(E)。这就是艾里斯理性情绪治疗的 ABCDE 步骤。

考点3 中学生常见的心理健康问题及应对策略★★

(一)中学生常见的心理健康问题

1. 挫折

(1)挫折的概念

挫折是个体在从事有目的的活动的过程中,遇到障碍或干扰,致使个人动机不能实现、需要不能满足时的情绪状态。

(2)挫折适应与辅导

提高学生挫折承受力的方法有:①帮助学生树立正确的挫折观;②帮助学生确定适当的抱负水平;③适度感受挫折,锻炼挫折承受力。

教会学生积极适应挫折的方法和技术。常见的积极适应方式有:理智的压抑、升华、补偿、幽默、合理宣泄、认知改组等。这里主要讲理智的压抑和认知改组。

①理智的压抑。这是一种成熟的适应方式,指当一个人的欲望、冲动或本能因不符合社会规范或要求而无法达到、满足或表现时,有意识地去压抑、控制、想办法延缓其满足需要。

②认知改(重)组。主体对挫折情景的认识评价如何,直接影响挫折感的产生。比如,高考落榜是考生产生挫折的情景,如果改变对高考落榜严重性的认识,看到上大学并非是唯一的成才之路,通过自修下一年再考也不迟,这样就可以减轻挫折感。这种对挫折情景的重新认识与评价,称为认知改(重)组。

2. 焦虑症

概念	是以与客观威胁不相适合的焦虑反应为特征的神经症
表现	学生中常见的焦虑反应是考试焦虑。其表现是随着考试临近，心情极度紧张。考试时注意力不集中，知觉范围变窄，思维刻板，出现慌乱，无法发挥正常水平
矫正方法	(1)采用肌肉放松、系统脱敏等方法 (2)采用认知矫正程序，指导学生在考试中使用正向的自我对话，如“我能应付这个考试” (3)锻炼学生的性格，提高挫折应对能力 (4)往最好处做，不要计较最后结果 (5)考前要注意调节情绪

3. 强迫症

概念	是一种以强迫症状为主的神经症，其特点为有意识的自我强迫和反强迫并存，两者强烈冲突使患者感到焦虑和痛苦
表现	临床以强迫观念、强迫意向和强迫动作为主要临床表现 (1)强迫观念指当事人身不由己地思考他不想考虑的事情 (2)强迫意向是在某种场合下，患者出现一种明知与当时情况相违背的念头，却不能控制这种意向的出现，十分苦恼 (3)强迫行为(动作)指当事人反复去做他不希望执行的动作，如果不这样想、不这样做，就会感到极端焦虑，主要有强迫洗涤、强迫检查、强迫计数和强迫仪式动作
矫正方法	(1)药物治疗；(2)行为治疗；(3)建立支持性环境；(4)森田疗法

4. 网络成瘾

概念	又称网络成瘾综合征，临床上是指由于患者对互联网络过度依赖而导致的一种心理异常症状以及伴随的一种生理性不适

续表

表现（判定标准）	(1)上网时间。上网时间是判断网络成瘾的自然标准。不过时间只是一个参考指标，不能武断地规定上网时间超过多少小时就算是网络成瘾。如果上网已经侵占了个体正常的工作和休息时间，并且为家人、朋友和同事所显见，则在多数情况下上网时间就成为一个重要的标准；(2)网上行为；(3)个体的心理和行为指标；(4)生活事件指标；(5)直接指标；(6)典型指标
矫正方法	(1)可采用行为疗法；(2)可采用认知疗法；(3)通过调整家庭成员间的关系，营造良好的家庭氛围，为矫正网络成瘾提供条件

(二)学生心理健康的应对策略

(1)学生个体进行积极的自我调适；(2)分年级定专题，有针对性地开展心理健康教育；(3)构建全方位、全员心理健康教育指导模式。

真题检测

真题 1 【2018 上半年】单项选择：在一次心理健康培训班教学测验中，关于学校心理辅导的一般目标，学员们的答案不一，共有四种。其中，正确的是(　　)

A. 学会调适和寻求发展　　B. 学会调节和学会适应

C. 学会调适和寻求健康　　D. 适应学习和适应社会

真题 2 【2017 上半年】简答：简述学校心理辅导的原则。

真题 3 【2017 上半年】单项选择：小强期中考试失利，但是他没有气馁，而是认真分析了失败原因，找到了问题，确定了新的方向。小强这种对待挫折的方式是(　　)

A. 宣泄　　B. 升华　　C. 补偿　　D. 认知重组

真题 4 【2017 上半年】单项选择：中学生小艾上学前总是反复检查书包，如果不检查，他就难受，明知该带的文具都带了，就是控制不住。他的问题是(　　)

A. 抑郁症　　B. 焦虑症

C. 强迫症　　D. 恐惧症

真题 5 【2015 下半年】单项选择：中学生小阳总认为他是一个完美的人，任何事情都会按自己的意愿发展，但是现实往往事与愿违，这让他非常苦恼，希望得到心理辅导老师的帮助。

如果对小阳进行心理辅导,最可行的办法是(　　)

A. 放松训练法　　B. 系统脱敏法

C. 理性—情绪疗法　　D. 代币强化法

真题 6　【2014 下半年】单项选择:小燕近期非常苦闷,一提到学习就心烦意乱、焦躁不安,对老师有抵触情绪,成绩也明显下降。小燕存在的心理问题是(　　)

A. 焦虑症　　B. 神经衰弱症　　C. 强迫症　　D. 抑郁症

参考答案及解析

1. A【解析】略。
2. (1)面向全体学生;(2)预防与发展相结合;(3)尊重与理解学生;(4)发挥学生主体性;(5)个别对待学生;(6)促进学生整体性发展。
3. D【解析】主体对挫折情景的认识评价如何,直接影响挫折感的产生。比如,高考落榜是考生产生挫折的情景,如果改变对高考落榜严重性的认识,看到上大学并非是唯一的成才之路,通过自修下一年再考也不迟,这样就可以减轻挫折感。这种对挫折情景的重新认识与评价,称为认知改组。题干描述的是认知改(重)组。
4. C【解析】强迫症是一种以强迫症状为主的神经症,其特点为有意识的自我强迫和反强迫并存,两者强烈冲突使患者感到焦虑和痛苦。临床以强迫观念、强迫意向和强迫动作(行为)为主要临床表现。其中,强迫行为指当事人反复去做他不希望执行的动作,如果不这样想、不这样做,就会感到极端焦虑,主要有强迫洗涤、强迫检查、强迫计数和强迫仪式动作。题干描述的是强迫症中的强迫检查。
5. C【解析】略。
6. A【解析】略。

第14天

今日目标

1. 掌握中学德育的主要内容。

2. 掌握德育过程的基本规律。

3. 掌握我国中学主要的德育原则。

专题一　中学德育主要内容

考点1　德育的概念

广义的德育泛指所有有目的、有计划地对社会成员在政治、思想与道德等方面施加影响的活动,包括社会德育、社区德育、学校德育和家庭德育等方面。狭义的德育则专指学校德育。

考点2　中学德育的主要内容★

(1)根据1988年、1994年和1996年中共中央颁布的有关决定,我国学校德育内容主要有政治教育、思想教育、道德教育和心理健康教育(也有说法认为,我国学校德育内容主要有政治教育、思想教育、道德教育、法制教育和心理健康教育)。其中心理健康教育主要有三方面的内容,即学习辅导、生活辅导和择业指导。

(2)新时期德育内容的发展:①生存教育、生活教育和生命教育;②安全教育;③升学就业指导。

专题二　中学德育过程

考点3　德育过程与品德形成过程★★★【常考题型:辨析】

(1)德育过程与品德形成过程的联系:德育过程与思想品德形成过程是教育与发展的关系。

(2)德育过程与品德形成过程的区别:德育过程是一种教育过程,是教育者与受教育者双方统一活动的过程,是培养和发展受教育者品德的过程。教育者根据社会发展提出的要求,依据学生特点,以适当的方式调动受教育者的主观能动性,从而将相应的社会规范转化为学生的品德,不断提高学生的道德水平。而品德形成过程是受教育者思想道德结构不断建构完善的过程,影响这一过程实现的因素有生理的、社会的、主观的和实践的等因素。

考点4 德育过程的基本矛盾★★【常考题型:单选】

德育过程是一系列矛盾运动的过程。在德育过程中,教育者、受教育者、德育内容和德育方法四个要素及要素内部存在着各种矛盾关系。

德育过程的基本矛盾,就是教育者提出的德育要求(社会所要求的道德规范)与受教育者已有品德水平之间的矛盾,它的实质是社会矛盾在德育过程中的反映。

考点5 德育过程的基本规律★★★【常考题型:单选、辨析】

(一)德育过程是具有多种开端的对学生知、情、意、行的培养提高过程

1.知、情、意、行是构成思想品德的四个基本要素

(1)知即品德认识;(2)情即品德情感;(3)意即品德意志;(4)行即品德行为。

2.知、情、意、行之间的关系及其发展

德育过程的一般顺序可以概括为:提高品德认识、陶冶品德情感、锻炼品德意志和培养品德行为习惯。德育过程一般以知为开端,以行为终结。但由于社会生活的复杂性、德育影响的多样性等因素,在德育具体实施过程中,又具有多种开端,可根据学生品德发展的具体情况,或从"导之以行"开始,或从"动之以情"开始,或从锻炼品德意志开始,最后达到使学生品德在知、情、意、行几方面和谐发展的目的。

(二)德育过程是组织学生的活动和交往,对学生多方面教育影响的过程

(1)活动和交往是品德形成的基础。

(2)学生在活动中,必定受到多方面的影响,其中既有校内的正式影响,又有校外的非正式影响;既有积极正面的影响,也有消极负面的影响。学校德育应形成学校、家庭、社会教育的合力,促进学生良好品德的形成和发展。

(3)德育过程中活动和交往的主要特点有:

①具有引导性、目的性和组织性;②不脱离学生学习这一主导活动,主要交往对象是教

师和同学;③具有科学性和有效性。

(三)德育过程是促使学生思想内部矛盾运动的过程

(1)学生思想品德的任何变化,都依赖于学生个体的心理活动。

(2)在德育过程中,学生思想内部的矛盾运动实质上是对外界教育因素的分析、综合过程。

(3)学生的自我教育过程,实际上也是他们思想内部矛盾运动的过程,运动的过程也是学生品德不断发展的过程,这一规律要求教育者高度重视培养学生的自我教育能力,发挥学生在德育过程中的主观能动性。

(四)德育过程是一个长期的、反复的、不断前进的过程

(1)德育过程是一个长期的过程;(2)德育过程是一个反复的、不断前进的过程。

专题三　中学德育原则

考点6　我国中学主要的德育原则★★★【常考题型:单选、简答、材料分析】

(一)导向性原则

基本含义	贯彻要求
指进行德育时要有一定的理想性和方向性,以指导学生向正确的方向发展	(1)坚持正确的政治方向 (2)德育目标必须符合新时期的方针政策和总任务的要求 (3)要把德育的理想性和现实性结合起来

(二)疏导原则

基本含义	贯彻要求
指进行德育时要循循善诱、以理服人,从提高学生认识入手,调动学生的主动性,使他们积极向上	(1)讲明道理,疏通思想 (2)因势利导,循循善诱 (3)以表扬、激励为主,坚持正面教育

（三）因材施教原则

基本含义	贯彻要求
教育者在德育过程中，应根据学生的年龄特征、个性差异以及品德发展现状，采取不同的方法和措施，加强德育的针对性和实效性	(1)以发展的眼光客观、全面、深入地了解学生，正确认识和评价当代青少年学生的思想特点 (2)根据不同年龄阶段学生的特点，选择不同的内容和方法进行教育，防止一般化、成人化、模式化 (3)注意学生的个别差异，因材施教

（四）知行统一原则

基本含义	贯彻要求
指教育者在进行德育时，既要重视对学生进行系统的思想道德的理论教育，又要重视组织学生参加实践锻炼，把提高认识和行为养成结合起来，使学生做到言行一致	(1)加强理论教育，提高学生的思想道德认识 (2)组织和引导学生参加社会实践，通过实践活动加深认识，增强情感体验，养成良好的行为习惯 (3)对学生的评价和要求要坚持知行统一的原则 (4)教育者要以身作则，严于律己，言行一致

（五）集体教育和个别教育相结合原则

基本含义	贯彻要求
在德育过程中，教育者要善于组织和教育学生热爱集体，并依靠集体教育每个学生，同时通过对个别学生的教育，来促进集体的形成和发展，从而把集体教育和个别教育有机地结合起来	(1)建立健全的学生集体 (2)开展丰富多彩的集体活动，充分发挥学生集体的教育作用 (3)加强个别教育，并通过个别教育影响集体，增强集体的生机和活力

(六)尊重信任学生与严格要求学生相结合的原则

基本含义	贯彻要求
在德育过程中,教育者既要尊重信任学生,又要对学生提出严格的要求,把严和爱有机地结合起来,使教育者的合理要求转化为学生的自觉行动	(1)教育者要有强烈的事业心、责任感以及尊重热爱学生的态度 (2)教育者应根据教育目的和德育目标,对学生严格要求,认真管理 (3)教育者要从学生的年龄特征和品德发展状况出发,提出适度的要求,并坚定不渝地贯彻到底

(七)正面教育与纪律约束相结合的原则

基本含义	贯彻要求
德育工作既要正面引导,说服教育,启发自觉,调动学生接受教育的内在动力,又要辅之以必要的纪律约束,并使两者有机结合起来	(1)坚持正面教育原则,以客观的事实、先进的榜样和表扬鼓励为主的方法教育和引导学生 (2)坚持摆事实,讲道理,以理服人,启发自觉 (3)建立健全学校规章制度和集体组织的公约、守则等,并且严格管理,认真执行

(八)依靠积极因素,克服消极因素的原则(长善救失原则)

基本含义	贯彻要求
在德育工作中,教育者要善于依靠、发扬学生自身的积极因素,调动学生自我教育的积极性,克服消极因素,以达到长善救失的目的	(1)教育者要用一分为二的观点,全面分析,客观地评价学生的优点和不足 (2)教育者要有意识地创造条件,将学生思想中的消极因素转化为积极因素 (3)教育者要提高学生自我认识、自我评价的能力,启发他们自觉思考,克服缺点,发扬优点

(九)教育影响的一致性和连贯性原则

基本含义	贯彻要求
在德育工作中,教育者应主动协调多方面教育力量,统一认识和步调,有计划、有系统、前后连贯地教育学生,发挥教育的整体功能,培养学生正确的思想品德	(1)充分发挥教师集体的作用,统一学校内部的多种教育力量,使之成为一个分工合作的优化群体 (2)争取家长和社会的配合,主动协调好与家庭、社会教育的关系,逐步形成以学校为中心的"三位一体"的德育网络 (3)保持德育工作的经常性和制度化,处理好衔接工作,保证对学生影响的连续性、系统性,使学生的思想品德得以循序渐进地持续发展

真题检测

真题 1 【2018 上半年】**材料分析**:开学不久,班主任贾老师发现明朗同学不喜欢学习,上课不认真听讲,经常做小动作,不按时完成作业。贾老师经过一段时间的了解,发现明朗虽然有不少缺点,但也有优点,需要肯定和鼓励。于是,贾老师找他谈话说:"你有缺点,但也有优点,可能你自己还没有发现。这样吧,我限你在两天内找找自己的优点,如实向我汇报,不然我可就要批评你了。"第三天,明朗找到贾老师,很不好意思地说:"老师,我心肠好,力气大,毕业后想当兵。"贾老师说:"这就是了不起的长处。心肠好,乐于助人,到那里都需要这种人。你力气大,想当兵,保家卫国,是很光荣的事。你的理想很实在,不过当兵同样需要学习科学文化知识,需要真才实学。"听了老师的话,明朗脸上露出了微笑。从此,明朗严格要求自己,认真学习,养成了良好的习惯,各方面都有了很大的进步。

问题:

(1)结合材料,谈谈贾老师主要遵循了哪一德育原则?

(2)贯彻这一原则有哪些基本要求?

真题 2 【2017 下半年】**单项选择**:像任何事物的发展一样,学生品德的发展也是由其内部矛盾推动的。学生品德发展的内部矛盾是(　　)

A. 社会道德要求与学生现有品德发展水平之间的矛盾

B. 学校德育要求与学生现有品德发展水平之间的矛盾

C. 学生品德发展的社会要求与学校德育要求之间的矛盾

D. 学生品德发展的新需要与其现有发展水平之间的矛盾

真题 3 【2017 下半年】**辨析**:德育的起点是提高道德认识。

真题 4 【2017 上半年】**单项选择**:班主任陈老师通过生杏的酸涩和熟杏的香甜来教育一位早恋的初三女生,告诉她:谈恋爱和吃杏子是一样的道理,中学生还没有生长成熟,此刻若谈恋爱,就如同吃生杏子一般,只能又苦又涩;只有到成熟后再去品尝,才会香甜可口,无比幸福。从而使这位女生从早恋中走了出来。这体现了德育的哪一原则(　　)

A. 知行统一原则　　　　B. 长善救失原则

C. 有的放矢原则　　　　D. 疏导原则

真题 5 【2016 上半年】**辨析**:德育过程是对学生知、情、意、行的培养提高过程,应以知为开端,知、情、意、行依次进行。

真题 6 【2016 上半年】**单项选择**:初二(1)班的小王同学在黑板上画了幅漫画,并写上"班长是班主任的小跟班"。班主任冯老师看了,发现漫画真画出了自己的特征,认为小王同学有绘画天赋。于是请小王同学担任班上的板报和班刊绘画编辑,并安排班长协助他。在班长的帮助下,小王发挥了自己的才能,出色地完成了任务,克服了散漫的毛病,后来还圆了他考取美术专业的大学梦。冯老师遵循的主要德育原则是(　　)

A. 疏导原则　　　　B. 教育影响的一致性和连贯性原则

C. 长善救失原则　　　　D. 尊重信任学生与严格要求学生相结合原则

参考答案及解析

1.【参考答案】(1)材料中,贾老师主要运用的德育原则是依靠积极因素、克服消极因素的原则。(2)贯彻这一原则的要求有:①教育者要用一分为二的观点,全面分析,客观地评价学生的优点和不足。②教育者要有意识地创造条件,将学生思想中的消极因素转化为积极因素。③教育者要提高学生自我认识、自我评价的能力,启发他们自觉思考,克服缺点,发扬优点。材料中,明朗在老师的引导下能够对自己进行正确地分析、评价,提升了自身的认识能力和自我教育的能力。

2. A【解析】德育过程的基本矛盾,就是教育者提出的德育要求(社会所要求的道德规范)与受教育者已有品德水平之间的矛盾,它的实质是社会矛盾在德育过程中的反映。

3.【参考答案】(参见第 145 页"知、情、意、行之间的关系及其发展")

4. D【解析】疏导原则是指进行德育时要循循善诱、以理服人,从提高学生的认识入手,调动学生的主动性,使他们积极向上。

5.【参考答案】(参见第 145 页"知、情、意、行之间的关系及其发展")

6. C【解析】班主任看到了小王同学的绘画天赋,并给予他发挥天赋的机会,帮助他成才,这遵循了德育的长善救失原则。

第15天

今日目标

1. 掌握常用的德育方法。
2. 掌握品德的实质及结构。
3. 理解皮亚杰及柯尔伯格的道德发展阶段理论。
4. 掌握品德的形成及良好品德的培养方法。

专题一　中学德育的途径与方法

考点1 德育的途径

(1)思想品德课(思想政治课)与其他学科教学;(基本途径)。

(2)社会实践活动。

(3)课外、校外活动。

(4)共青团、少先队组织的活动。

(5)校会、班会、周会、晨会、时事政策的学习。

(6)班主任工作。

考点2 常用的德育方法★★★【常考题型:单选、辨析、简答、材料分析】

德育方法是为达到德育目的,在德育过程中采用的教育者和受教育者相互作用的活动方式的总和。它包括教育者的施教传道方式和受教育者的受教修养方式。它是实现德育任务、提高德育实效性的关键因素。

德育方法	内涵	运用要求
说服教育法	又叫说理教育法,是通过语言说理,使学生明晓道理,分清是非,提高品德认识的德育方法	(1)明确目的性和针对性;(2)富有知识性、趣味性;(3)注意时机;(4)以诚待人

续表

德育方法	内涵	运用要求
榜样示范法	是用榜样人物的优秀品德来影响学生的思想、情感和行为的德育方法	(1)选好学习的榜样;(2)激起学生对榜样的敬慕之情;(3)狠抓落实,引导学生用榜样来调节行为,提高修养
陶冶教育法	是教师利用环境和自身的教育因素,对学生进行潜移默化的熏陶和感染,使其在耳濡目染中受到感化的德育方法 陶冶教育法的方式主要有环境陶冶、情感陶冶、人格陶冶、艺术陶冶、科学知识陶冶等	(1)创设良好的情境;(2)与启发、说服相结合;(3)引导学生参与情境的创设
实际锻炼法	是有目的地组织学生参加各种实际活动,使其在活动中锻炼思想,增长才干,培养优良的思想和行为习惯的德育方法	(1)目的明确,计划周密,加强指导,坚持严格要求;(2)生动活泼,灵活多样,调动学生的主动性;(3)注意检查和持之以恒,随时总结
自我教育法(个人修养法)	即个人修养法,是指学生在教育者的引导和启发下,根据道德教育的目标和要求,在自我意识的基础上产生积极进取之心,经过自觉学习、自我反思和自我行为调节,不断完善自身品德的方法	(1)激发学生自我教育的愿望;(2)培养学生的自我教育能力;(3)引导学生积极参加社会实践
品德评价法	是通过对学生品德进行肯定或否定的评价而予以激励或抑制,促使其品德健康形成和发展的德育方法	(1)公平、正确、合情合理;(2)发扬民主,获得群众支持;(3)注重宣传与教育;(4)奖励为主,抑中带扬

续表

德育方法	内涵	运用要求
角色扮演法	是通过让儿童扮演处境特别的求助者或其他有异于自己的社会角色，使扮演者暂时置身于他人的位置，按照他人的处境或角色来行事、处世，以求在体验别人的态度、方式中，增进扮演者对他人及其社会角色的理解和认同	—
合作学习法	具体策略包括双人式学习、小组学习、小队式学习、跨小组的协作式学习、小组之间的竞争式学习、全班协作学习等	(1)要让学生明白合作是一种重要的目标；(2)要根据学习内容选择恰当的合作学习策略，或者从合作策略出发，安排或设计恰当的学习内容；(3)要规定一些重要的合作原则；(4)要指导学生学习一些基本的合作技巧

专题二　中学生品德心理与发展

考点3　品德的实质及结构★★★【常考题型：单选、简答】

品德又称道德品质，是个体依据一定的社会道德准则规范自己行动时所表现出来的稳定的心理倾向和特征。

温馨提示

常用的德育方法是常考点，多以单项选择题和材料分析题的形式出现。在复习时，可与其他相关内容进行结合，如复习榜样示范法时，可结合教师劳动的示范性特点进行识记。

心理结构	概述
道德认知	是指对于行为规范及其意义的认识，是人的认识过程在道德上的表现。品德的核心，如明知故犯
道德情感	是人的道德需要是否得到实现及其所引起的一种内心体验，也就是人在心理上所产生的对某种道德义务的爱憎、喜恶等情感体验。比如，爱国主义情感和集体主义情感
道德意志	是个体自觉地调节道德行为，克服困难，以实现预定道德目标的心理过程。
道德行为	是指个体在一定的道德意识支配下表现出来的对他人和社会的有道德意义的活动。道德形成的最终环节，衡量道德品质的重要标志

考点4 品德的形成及良好品德的培养方法★★★【常考题型：单选、简答】

（一）品德的形成过程

品德的形成是一个从外到内的转化过程，是社会规范的接受和内化，大致经历三个阶段：

阶段	概述
依从（社会规范的依从）	即表面上接受规范，按照规范的要求来行动，但对规范的必要性或根据缺乏认识，甚至有抵触情绪。它是规范内化的初级阶段，是品德建立的开端。依从包括从众与服从
认同（社会规范的认同）	认同比依从深了一层，是学习者在思想、情感、态度和行为上主动接受规范，从而试图与之保持一致
内化（社会规范的信奉）	指在思想观点上与社会规范及其价值保持一致，将自己所认同的思想和自己原有的观点、信念融为一体，构成一个完整的价值体系。此时，稳定的品德形成了

(二)良好品德的培养方法

(1)有效的说服。

(2)树立良好的榜样。这是加强道德行为的途径。根据班杜拉的社会学习理论,榜样在观察学习过程中起着非常重要的作用,榜样的特点、示范的形式及榜样所示范的行为的性质和后果都会影响到观察学习的效果。

(3)利用群体约定。教师可以利用集体讨论后做出的集体约定,来改变学生的态度。利用群体约定的具体步骤如下:①清晰而客观地介绍问题的性质;②唤起班集体对问题的意识,使他们明白只有改变态度才能更令人满意;③清楚而客观地说明要形成的新态度;④引导集体讨论改变态度的具体方法;⑤使全班学生一致同意把计划付诸实践,每位学生都承担执行计划的任务;⑥中学生在执行计划的过程中改变态度;⑦引导大家对改变的态度进行评价,使态度进一步概括化和稳定化。

(4)价值辨析。价值辨析是指引导个体利用理性思维和情绪体验来检查自己的行为模式,努力去发现自身的价值观并指导自己的道德行为。在价值辨析的过程中,教师引导学生利用理性思维和情绪体验来检查自己的行为模式,鼓励他们努力去发现自身的价值,并根据自己的价值选择来行事。

(5)给予适当的奖励和惩罚。

专题三　道德发展理论

考点5 皮亚杰的道德发展阶段理论★★【常考题型:单选】

皮亚杰把儿童的品德发展划分为四个阶段:

1. 自我中心阶段(2~5岁)

自我中心阶段是从儿童能够接受外界的准则开始的。例如,儿童在打子弹游戏中总是自己玩自己的,按照自己的想象去执行规则。这是因为儿童还不能把自己同外在环境区别开来,而把外在环境看作是他自身的延伸。规则对于他来说,还不具有约束力。

2. 权威阶段(他律道德阶段或道德实在论阶段)(6~8岁)

该时期的儿童服从外部规则,接受权威指定的规范,把人们规定的准则看作是固定的、不可变更的,而且只根据行为后果来判断对错。看待行为有绝对化的倾向;赞成严厉的惩罚,并认为受惩罚的行为本身就说明是坏的;还把道德法则与自然规律相混淆,认为不端的行为会受到自然力量的惩罚。

3. 可逆性阶段(自律或合作道德阶段)(8～10岁)

这一阶段的儿童已不把准则看成是不可改变的,而把它看作是同伴间共同约定的。该阶段的特征是:儿童一般都形成了这样的概念,如果所有的人都同意的话,规则是可以改变的。儿童已经意识到一种同伴间的社会关系,应相互尊重。准则对他们来说已具有一种保证他们相互行动、互惠的可逆特征。同伴间的可逆关系的出现,标志着品德由他律开始进入自律阶段。开始以动机作为道德判断的依据,认为公平的行为都是好的。关于惩罚,认为只有回报的惩罚才是合理的。能把自己置于别人的地位,判断不再绝对化,看到可能存在的几种观点。10岁是儿童从他律道德向自律道德转化的分水岭。

4. 公正阶段(10～12岁)

这一阶段的公正观念是从可逆的道德认知中脱胎而来的。他们开始倾向于主持公正、公平等。公正的奖惩不能是千篇一律的,应根据个人的具体情况进行。也就是说,儿童不再刻板地按固定的规则去判断,在依据规则判断时应先考虑到同伴的一些具体情况,从关心和同情出发去判断。

考点6　柯尔伯格的道德发展阶段理论★★【常考题型:单选、辨析】

柯尔伯格将道德判断分为三个水平,每一水平包含两个阶段,六个阶段依照由低到高的层次发展。

1. 前习俗水平

(1)服从与惩罚的道德定向阶段;(2)相对功利的道德定向阶段(相对功利取向阶段或行为的功用和相互满足需要定向倾向或朴素的利己主义的定向或操作与关系)。

2. 习俗水平

(1)好孩子的道德定向阶段(寻求认可取向阶段或社会习俗的定向或人际关系与补同的定向);(2)维护权威或秩序的道德定向阶段(遵守法规取向阶段或秩序和法规定向或权威和社会权利控制的定向)。

3. 后习俗水平

(1)社会契约的道德定向阶段(社会法制取向阶段或社会契约取向阶段);(2)普遍原则的道德定向阶段(原则或良心定向阶段或良心或普遍原则定向或普遍伦理取向阶段)。

研究表明,大多数10岁以下儿童的道德推理处于第1、2阶段水平,10岁以后开始进入习俗水平;但仍有少数青少年以及青少年与成人罪犯停留在前习俗水平推理阶段;青少年和成人大都使用第3、4阶段的推理;只有大约35%的人在16～25岁之后达到后习俗水平。

真题检测

真题 1 【2018 上半年】**单项选择**:张校长特别重视学校文化建设,提出“让学校的每一面墙都开口说话”,以此来促进学生品德的发展。张校长强调的德育方法是( )

A. 陶冶教育法 B. 榜样示范法

C. 实际锻炼法 D. 说服教育法

真题 2 【2017 下半年】**简答**:简述态度与品德形成的三阶段及其主要内容。

真题 3 【2017 上半年】**单项选择**:有同学在班上丢了 30 元压岁钱,如何解决这个问题呢?王老师通过讲“负荆请罪”的故事,教育拿了钱的同学像廉颇将军一样知错能改,不久犯错误的同学把钱悄悄归还了失主。王老师采用的德育方法是( )

A. 榜样示范法 B. 品德评价法

C. 实际锻炼法 D. 个人修养法

真题 4 【2017 上半年】**单项选择**:小星判断道德问题时,不仅能依据规则,而且能出于同情和关心做出判断。根据皮亚杰的道德发展阶段理论,小星的道德发展处于( )

A. 自我中心阶段 B. 权威阶段

C. 可逆性阶段 D. 公正阶段

真题 5 【2017 上半年】**辨析**:根据柯尔伯格的观点,道德发展的阶段性是固定的,相同年龄阶段的人都能达到同样的发展水平。

真题 6 【2016 下半年】**单项选择**:某中学为了对学生进行思想品德教育,组织学生观看《建国大业》等爱国主义影片。该校采用的德育方法是( )

A. 实际锻炼法 B. 情感陶冶法

C. 说服教育法 D. 个人修养法

真题 7 【2016 下半年】**单项选择**:小华认为法律或道德是一种社会契约,根据柯尔伯格的道德发展阶段理论,小华的道德判断属于( )

A. 前习俗水平 B. 习俗水平

C. 后习俗水平 D. 超习俗水平

真题 8 【2016 上半年】**单项选择**:中学生小张认为遵守交通法规是人人应尽的责任和义

务，根据柯尔伯格的道德发展阶段理论，小张的道德判断处于(　　)阶段。

A. 服从与惩罚的道德定向　　B. 相对功利取向

C. 寻求认可取向　　D. 社会契约取向

真题 9　【2015 下半年】单项选择：中学生小辉因害怕被教师批评而上课遵守纪律，根据柯尔伯格的道德发展阶段理论，小辉的道德发展处于哪个阶段(　　)

A. 相对功利的道德定向阶段　　B. 服从与惩罚的道德定向阶段

C. 寻求认可取向阶段　　D. 遵守法规取向阶段

真题 10　【2015 上半年】单项选择：班主任赵老师经常运用表扬、鼓励、批评和处分等方式引导和促进学生的品德积极发展，这种方法属于(　　)

A. 说服教育法　　B. 榜样示范法

C. 情感陶冶法　　D. 品德评价法

真题 11　【2015 上半年】单项选择：王军写了保证书，决心遵守《中学生守则》，上课不再迟到，但是冬天天冷，王军迟迟不肯钻出被窝，以至于再次迟到。对王军进行思想品德教育的重点在于提高其(　　)

A. 道德认知水平　　B. 道德情感水平

C. 道德意志水平　　D. 道德行为水平

真题 12　【2014 上半年】单项选择：衡量学生思想水平高低的根本标准是(　　)

A. 道德认知　　B. 道德意志

C. 道德情感　　D. 道德行为

参考答案及解析

1. A【解析】略。

2.【参考答案】品德的形成是一个从外到内的转化过程，是社会规范的接受和内化，大致经历三个阶段：依从、认同及内化。

3. A【解析】榜样示范法是用榜样人物的优秀品德来影响学生的思想、情感和行为的德育方法。

4. D【解析】根据皮亚杰道德发展阶段理论,处于公正阶段的儿童的公正观念是从可逆的道德认知中脱胎而来的。他们开始倾向于主持公正、公平等。公正的奖惩不能是千篇一律的,应根据个人的具体情况进行。也就是说,儿童不再刻板地按固定的规则去判断,在依据规则判断时应先考虑到同伴的一些具体情况,从关心和同情出发去判断。

5.【参考答案】(参见第 156 页“柯尔伯格的道德发展阶段理论”)

6. B【解析】陶冶教育法是教师利用环境和自身的教育因素,对学生进行潜移默化的熏陶和感染,使其在耳濡目染中受到感化的德育方法。题干中学校通过组织学生观看爱国主义影片,来激发学生的爱国情感的德育方法,属于陶冶教育法中的情感陶冶法。

7. C【解析】略。

8. D【解析】社会契约取向阶段以法制观念为导向,有强烈的责任心和义务感,但不再把社会规则和法律看成是死板的、一成不变的条文,而是认识到了它们的人为性和灵活性,他们尊重法制但不拘泥于法律条文,认为法律是人制定的,不合时宜的条文可以修改。

9. B【解析】服从与惩罚的道德定向阶段的儿童的道德价值来自对外力的屈从或对惩罚的逃避。他们衡量是非的标准是由成年人来决定的,对成人或准则采取服从的态度,缺乏是非善恶的观念。

10. D【解析】略。

11. C【解析】略。

12. D【解析】道德行为是衡量思想水平的重要标志。

第16天

今日目标

1. 理解班集体。
2. 掌握班主任工作。
3. 掌握中学课堂管理。
4. 掌握课外活动。
5. 掌握教师成长心理。
6. 掌握教师的心理健康及其维护。

专题一　中学班级管理

考点1　班级与班级管理

（一）班级概述

班级是学校为实现一定的教育目的，将年龄和知识程度相近的学生编班分级而形成的，有固定人数的基本教育单位。班级是学校行政体系中最基层的正式组织，是开展教学活动的基本单位。文艺复兴时期的著名教育家埃拉斯莫斯最先提出“班级”一词。

（二）班级管理概述

1. 概念

班级管理是一个动态的过程，它是班主任和教师根据一定的目的和要求，采用一定的手段和措施，带领全班学生对班级中的各种资源进行计划、组织、协调、控制，以实现教育目标的组织活动过程。

2. 班级管理的功能

（1）有助于实现教学目标，提高学习效率——主要功能。

（2）有助于维持班级秩序，形成良好的班风——基本功能。

（3）有助于锻炼学生能力，学会自治自理——重要功能。

3. 班级管理的模式

模式	概述
常规管理	通过制定和执行规章制度来管理班级的经常性活动
平行管理	班主任既通过对集体的管理去间接影响个人，又通过对个人的直接管理去影响集体，从而把对集体和个人的管理结合起来的管理方式 班级平行管理的理论源于马卡连柯的“平行影响”的教育思想。集体主义教育是马卡连柯教育思想体系的重要方面。指出教育任务是培养集体主义者，只有在集体中、通过集体和为了集体进行教育，才能完成培养集体主义者的任务
民主管理	班级成员在服从班集体的正确决定和承担责任的前提下参与班级全程管理的一种管理方式
目标管理	班主任与学生共同确定班级总体目标，然后转化为小组目标和个人目标，使其与班级总体目标融为一体，形成目标体系，以此推动班级管理活动，实现班级目标的管理方法

考点2 班集体概述

班集体是按照班级授课制的培养目标和教育规范组织起来的，以共同学习活动和直接性人际关系交往为特征的社会心理共同体。它被视为班级发展的最高阶段。

班集体必须具备四个基本特征：(1)明确的共同目标；(2)一定的组织结构，有力的领导集体；(3)共同生活的准则，健全的规章制度；(4)具有正确的集体舆论以及团结、和谐、向上的人际关系。

一个优秀班集体的形成，一般要经过四个阶段：组建阶段、形核阶段、发展阶段、成熟阶段。组建阶段是班集体的雏形期，班集体的基本特征已经出现。形核阶段即形成核心的阶段，同学之间开始相互了解，在班主任的引导培养下，涌现出了一批积极分子开始协助班主任开展各项工作。

考点3 班主任工作概述★★★【常考题型：简答】

(一)班主任的概念

班主任是指全面负责一个班学生的思想、学习、健康与生活等工作的教师。班主任是班级工作的组织者和领导者，是贯彻国家教育方针、促进学生全面健康成长的骨干力量。

(二)班主任在班级管理中的地位和作用

(1)班主任是班级建设的设计者(艺术家)。

(2)班主任是班级组织的领导者。

(3)班主任是协调班级人际关系的主导者。

(三)班主任工作的内容与方法

(1)了解和研究学生(班主任工作的前提和基础)。

(2)有效地组织和培养班集体。

组织和培养班集体是班级管理的中心工作。班主任应有计划、有组织地在短时间内有效地组建班集体：①确定班集体的发展目标；②建立得力的班集体核心；③建立班集体的正常秩序；④组织形式多样的教育活动；⑤培养正确的舆论和良好的班风。

(3)协调校内外各种教育力量。

(4)学习指导、学习活动管理和生活指导、生活管理。

(5)组织课外活动和指导课余生活。

(6)建立学生档案。建立学生档案一般分四个环节：收集—整理—鉴定—保管。

(7)操行评定。

(8)班主任工作计划与总结。

(9)个别教育工作。

(10)班会活动的组织。

(11)偶发事件的处理。

专题二　中学课堂管理

考点④ 课堂管理概述★★【常考题型：单选】

(一)概念

课堂管理是指教师通过协调课堂内外的各种人际关系而有效地实现预定教学目标的过程。一般来说，影响课堂教学效率的主要原因是教师、学生和课堂情境等因素能否相互协调。

(二)课堂管理的功能

(1)维持功能:课堂管理能够在课堂教学中,持久地维持良好的学习环境,有效地排除各种干扰因素,使学生充分地参与到学习活动中。维持功能是课堂管理的基本功能。

(2)促进功能:良好的课堂管理能够增强、提升课堂教学的效果,促进学生的学习。

(3)发展功能:课堂管理本身可以教给学生一些行为准则,促进学生从他律走向自律,帮助学生获得自我管理能力,使学生逐步走向成熟。

(三)课堂管理模式的取向

1. 行为主义取向的课堂管理模式

这种模式认为,在课堂管理中,教师的责任是强化适宜的行为并根除不适宜的行为。典型的行为主义取向的课堂管理模式有斯金纳模式和坎特模式。

2. 人本主义取向的课堂管理模式

人本主义取向的课堂管理者认为,学生有自己的决策能力,他们可以对控制自己的行为负主要责任。在课堂管理中,教师不应该要求学生百依百顺,而是应该关注学生的需要、情感和主动精神,向学生提供最好的机会去发掘归属感、成就感和积极的自我认同,以此来维持一种积极的课堂环境;出现问题行为时,教师应更多地运用沟通技能,引导学生分析问题的性质和后果,自己把问题解决。典型的人本主义取向的课堂管理模式有格拉塞模式和基诺特模式。

3. 教师效能取向的课堂管理模式。

教师效能取向的课堂管理模式关注的是教师课堂管理技能的提高。

(四)影响课堂管理的因素

1. 来自学生方面的因素

(1)学生的上课风气;(2)学生的学习兴趣和求知欲;(3)学生的疲劳程度;(4)学生的自制力;(5)对教师的期望。

2. 来自教师方面的因素

(1)教师的领导风格;(2)教师的威信;(3)教师的语言、声调、动作、表情;(4)教师的注意分配情况;(5)教师的教育机智。

3. 来自课堂学习环境的因素

安静优雅的教室环境有利于学生的学习,有利于教师的课堂教学管理。

4. 来自其他方面的因素

(1)课堂的管理跨度。课堂管理的跨度即班级的学生规模。一般而言,班级规模越大,教师管理上的难度越大;(2)课堂教学常规;(3)师生关系。

考点5 课堂群体管理★★【常考题型:单选】

(一)学校群体的心理效能

1. 归属功能

归属功能是指学校群体能给个体情感上的依靠,使群体内各个成员在发生相互作用时,行为上表现为协调一致,彼此体会到大家同属某一群体,产生"我们是同班的""同校的""同一足球队的"等类似情感体验的功能。

2. 认同功能

认同功能是学校群体能对个体的认知提供知识和信息,使各个成员对一些重大事件与原则问题同学校群体保持共同的认识和评价的功能。个体对群体的认同,是其愿接受群体影响并与之融为一体的心理基础,也是使学校这一群体保持内在整体性的心理基础。

3. 支持功能

当个体的思想、观点、情感、行为方式符合群体的规范、期望和利益时,群体就会给予他赞许和鼓励,以支持其行为,从而使他的行为得到进一步强化,使个体的信心增强,行为持续进行,推动其前进。

4. 塑造功能(教育功能)

上述群体对个体的归属、认同与支持功能其实最后都可以归结为一个功能,即人才培养或人格塑造功能。

(二)正式群体与非正式群体

正式群体是指在学校行政部门、班主任或社会团体的领导下,按一定章程组成的学生群体。

在同伴交往过程中,一些学生自由结合、自发形成的小群体,称为非正式群体。

非正式群体对学生个体和正式群体既有积极影响,也有消极影响。非正式群体对个体的影响是积极的还是消极的,主要取决于非正式群体的性质以及与正式群体的目标一致的程度。非正式群体与正式群体如果在目标一致的情况下,成员之间在利益、爱好、信仰方面相似,引导得好,对班级群体可以发生积极作用。如果它与正式群体的目标不一致,则会产生消极作用,甚至会成为破坏性的力量。教师在管理非正式群体时,要注意:(1)要摸清非正式群体的性质;(2)对积极的非正式群体给予鼓励和帮助;(3)对消极的非正式群体给予适当的引导和干预。

(三)课堂气氛

课堂气氛通常是指在课堂上占优势地位的态度和情感的综合状态。

根据师生相互作用的方式不同,可以将课堂气氛划分为:积极的课堂气氛、消极的课堂气氛、一般型课堂气氛和对抗的课堂气氛。

(四)人际沟通

人际沟通是指人们之间的信息交流过程,也就是人们在共同活动中彼此交流各种观念、思想和情感的过程,所以也有人把人际沟通称之为信息沟通。

有效沟通的技巧有:

(1)对师生沟通的含义的理解。

(2)有效促进师生沟通的心理学原则。成功的师生沟通中,教师必须遵循的心理学原则有以下几条:①真诚。教师对学生真情流露的关爱和基于尊重信任的坦诚,可以使学生产生安全感,满足基本的心理需要;②尊重与接纳。在所有的人际关系中,我们只有对对方尊重和接纳,才会产生有效的沟通;③同理心。同理心包括三个条件:站在对方的立场去理解对方;了解导致这种情形的因素;让对方了解自己对对方设身处地的理解。

考点6 课堂纪律管理★【常考题型:单选】

(一)课堂纪律的概念

课堂纪律是指为保障或促进学生的学习而设置的行为标准及施加的控制。

(二)课堂纪律的类型

根据形成途径,课堂纪律一般可分为以下四类:

类型	概念
教师促成的纪律	在教师的指导帮助下形成的班级行为规范
集体促成的纪律	在集体舆论和集体压力的作用下形成的群体行为规范
任务促成的纪律	某一具体任务对学生行为提出的具体要求
自我促成的纪律	简单说就是自律,它是在个体自觉努力下由外部纪律内化而成的个体内部约束力。形成自我促成的纪律是课堂纪律管理的最终目标

(三)课堂纪律的发展

发展阶段	概述
反抗行为阶段	4～5 岁之前的儿童,多处于这一阶段。这一阶段的儿童,他们的行为中经常表现出对抗性
自我服务行为阶段	5～7 岁的儿童,多处于这一阶段。这一阶段的学生是以自我为中心的,但是在课堂上比较容易管理
人际纪律阶段	大多数中学生处于这一阶段。处于这一阶段的学生,其行为取向是要建立一种相互的人际关系,他们做出的行为往往与"我怎样才能取悦你"联系在一起,他们这样做是因为你要求他们这样做;他们关心自己在别人心目中的形象,希望别人喜欢自己
自我约束阶段	处于这一阶段的学生很少陷入什么麻烦,因为他们能够明辨是非,理解遵守纪律的意义,也能够做到自我约束

(四)维持课堂纪律的策略

(1)建立有效的课堂规则;(2)合理组织课堂教学;(3)树立教师权威;(4)做好课堂监控;(5)培养学生的自律品质。

考点 7 课堂问题行为

问题行为指不能遵守公认的正常行为规范和道德标准,不能正常与人交往和参与学习的行为。

根据学生行为表现的倾向,将课堂问题行为分为两类:

(1)外倾性问题行为:主要包括相互争吵、挑衅、推撞等攻击性行为等。

(2)内倾性问题行为:主要表现为在课堂上心不在焉、胡思乱想、做白日梦、发呆等注意力涣散行为。

课堂问题行为的处置与矫正:

(1)课堂问题行为的处置:运用先入为主的策略,事先预防课堂问题行为;正确对待学生的课堂问题行为。

(2)课堂问题行为的矫正:控制策略,行为控制策略包括强化良好行为和终止已有问题行为两个方面;矫正策略。

专题三　课外活动

考点8 课外活动的概念、意义和内容

(一)概念

课外活动是指在课程计划和学科课程标准以外,利用课余时间,对学生施行的各种有目的、有计划、有组织的教育活动。

(二)课外活动的意义

1. 课外活动有利于学生开阔眼界,获得知识。
2. 课外活动有利于发展学生智力,培养学生的各种能力。
3. 课外活动是进行德育的重要途径。
4. 课外活动是因材施教,发展学生个性特长的广阔天地。

此外,课外活动是学校美育的重要阵地,通过课外活动可以培养学生的审美能力,发展学生的艺术兴趣,培养学生的高尚情操。同时,学生通过各种体育活动和劳动活动,可以强身健体,培养正确的劳动观念,学到一定的劳动技能,促进身心健康地发展。

(三)课外活动的内容

种类	概述
社会实践活动	让学生走出校门,与社会接触,以帮助学生增长知识,提高能力,如参观、考察、社会调查访问、宣传等
学科活动	主体部分,以学习和研讨某一学科的知识或培养某一方面的能力为主要目的的活动,如数学活动小组、语文活动小组、以化学实验为专题的小组、以会话为专题的外语小组等
科技活动	以让学生学习和了解科技知识为目的的课外、校外活动,如举办科技讲座、参观游览、成立无线电小组、航模小组等
文学艺术活动	培养学生对文艺的爱好和发展学生文艺方面的才能,如组织文学作品的欣赏和评论、参观展览等,还可以成立美术、书法、摄影等文艺小组

续表

种类	概述
体育活动	锻炼学生的身体,增强他们的体质,训练他们的运动技能,培养他们吃苦耐劳的精神和对体育运动的兴趣,并尽可能满足体育爱好者的需要,及早发现和培养体育专业人才
社会公益活动	培养学生的劳动观念和劳动习惯,使他们养成爱劳动、爱劳动人民、爱护劳动成果的优良品质,并使其掌握生产劳动基本知识、技能,提高他们的劳动技术素质
课外阅读活动	指学生在课堂教学范围之外,根据自己的兴趣爱好或某一方面的需要进行的一种自觉的读书活动

(四)课外活动的特点和组织形式

课外活动的特点:活动性质的自愿性和选择性、活动内容的伸缩性和灵活性、活动形式的多样性、活动组织的自主性、活动方法的实践性、活动评价的综合性。

课外活动的组织形式:群众性活动、小组活动、个别活动。

(五)学校、家庭与社会三结合教育

(1)学校教育占主导地位。

(2)学校和家庭、社会三者协调一致,互相配合。

(3)学校与家庭联系的基本内容和方式:互访、书面联系和召开家长会、成立家长委员会和举办家长学校、举办学校开放日、班级网络和家教咨询。

(4)加强学校与社会教育机构之间的相互联系:建立学校、家庭和社会三结合的校外教育组织;学校与校外教育机构建立经常性的联系;采取走出去、请进来的方法与社会各界保持密切联系。

专题四　教师心理

考点 9 现代教师角色观

社会对每一种社会角色所规定的行为规范和要求,称为角色期待。现代教师角色观主要

表现为：

(1)学习的引导者和促进者。

(2)行为规范的示范者。

(3)班集体的管理者。

(4)心理健康的管理者。

(5)学生成长的合作者。

(6)教学的研究者。

考点10 教师威信★★

(一)教师威信的概念

教师威信是指由教师的资历、声望、才能和品德等因素决定的，教师个人或群体在学生或社会中的影响力。

(二)教师威信的分类

教师威信有两种：一种是权力威信，另一种是信服威信。

(三)教师威信的结构

教师威信主要包括了人格威信、学识威信和情感威信三个方面的内容。

(四)影响教师威信形成的因素

(1)教师威信形成的客观条件。教师在全社会的政治和经济地位、全民族的道德文化素养和尊师重教的良好社会风气是教育威信形成的重要条件；教育行政机关和学校领导对教师工作的信任、关心和支持是提高教育威信的重要条件；家长对教师的态度也是影响教育威信的重要因素。

(2)教师威信形成的主观条件。教师的专业素质——教师高尚的思想道德品质、渊博的知识和高超的教育教学艺术是获取威信的基本条件；教师的人格魅力——教师的仪表、作风和习惯，是教师获得威信的必要条件；师生关系——师生平等交往是教师获得威信的重要条件；教师的评价手段。

(五)建立教师威信的途径

(1)培养自身良好的道德品质。

(2)培养良好的认知能力和性格特征。

(3)注重良好仪表、风度和行为习惯的养成。

(4)给学生以良好的第一印象。

(5)做学生的朋友与知己。

(六)教师威信的维护

(1)教师要有坦荡的胸怀、实事求是的态度。

(2)教师要正确认识和合理运用自己的威信。

(3)教师要有不断进取的敬业精神。

(4)教师要言行一致,做学生的楷模

考点11 教师的心理特征★★【常考题型:单选】

(一)教师的认知特征

一般认为,教师的知识结构主要包括:(1)专业学科内容知识;(2)教育教学知识;(3)心理学的知识;(4)实践性知识。

教师的教学能力包括:(1)组织和运用教材的能力;(2)言语表达能力;(3)组织教学的能力;(4)对学生学习困难的诊治能力;(5)教学媒体的使用能力;(6)教育机智等。申继亮等人采用内隐理论的研究范式,对教师的教学能力进行了系列研究,把教师的教学能力分成以下几个方面:

(1)教学认知能力。教学认知能力是指教师对所教学科的定理法则和概念等的概括化程度,以及对所教学生的心理特点和自己所使用的教学策略的理解程度。

(2)教学操作能力。教学操作能力是指教师在教学中使用策略的水平,其水平高低主要看他们是如何引导学生掌握知识、积极思考、运用多种策略解决问题的,它是教师课堂教学能力的集中体现。

(3)教学监控能力。教学监控能力是指教师为了保证教学达到预期的目的而在教学的全过程中,将教学活动本身作为意识对象,不断对其进行积极主动的计划、检查、评价、反馈、控制和调节的能力。

在这个教学能力结构中,教学认知能力是基础,教学操作能力是教学能力的集中体现,而教学监控能力是关键。

(二)教师的人格特征

教师的人格特征是影响教学的重要因素,其包含的内容是多方面的,如教师的职业信念、教师的性格特点和教师对学生的理解等。

在教师的人格特征中,有两个重要特征对教学效果有显著影响:

(1)教师的热心和同情心。

(2)教师富于激励和想象的倾向性。

教学效能感一般指教师对自己影响学生行为和学习结果的能力的一种主观判断。这种判断会影响教师对学生的期待和指导,从而影响教师的工作效率。教师效能感又分为两个部分:一般教学效能感和个人教学效能感。前者指教师对教与学的关系、教育在学生身心发展中的作用等问题的一般看法和判断;后者指教师认为自己能够有效地影响学生,相信自己具有教好学生的能力。

(三)教师的行为特征

(1)教师的教学行为。

(2)教师的期望行为。教师期望效应也叫罗森塔尔效应或皮格马利翁效应,即教师的期望或明或暗地传送给学生,会使学生按照教师所期望的方向来塑造自己的行为。教师期望效应的发生,既取决于教师自身的因素,也取决于学生的人格特征、原有认知水平、归因风格和自我意识等心理因素。

考点12 教师成长心理★★【常考题型:单选】

(一)新手型教师与专家型教师的区别

(1)课时计划的差异。与新教师相比,专家型教师的课时计划简洁、灵活,以学生为中心,并具有预见性。

(2)课堂教学过程的差异。

(3)课后评价差异。

(4)其他差异。

(二)教师成长的历程

福勒和布朗根据教师的需要和不同时期所关注的焦点问题不同,把教师的成长划分为关注生存、关注情境和关注学生三个阶段。

1.关注生存阶段

处于关注生存阶段的一般是新教师,他们非常关注自己的生存适应性,最担心的问题是"学生喜欢我吗""同事们如何看我""领导是否觉得我干得不错"等。因而可能会把大量的时间都花在如何与学生搞好个人关系上,想方设法控制学生,而不是更多地考虑如何让学生获得学习上的进步。

2.关注情境阶段

处于关注情境阶段的教师关心的是如何教好每一堂课的内容,以及班级大小、时间压力和备课材料是否充分等与教学情境有关的问题，如“内容是否充分得当”“如何呈现教学信息”“如何掌握教学时间”等。传统教学评价集中关注这一阶段，一般来说，老教师比新教师更关注此阶段。

3. 关注学生阶段

当教师顺利地适应了前两个阶段后，成长的下一个目标便是关注学生。教师将考虑学生的个别差异，认识到不同发展水平的学生有不同的需要，根据学生的差异采取适当的教学，促进学生的发展。能否自觉关注学生是衡量一个教师是否成熟的重要标志之一。

（三）教师成长的途径

（1）观摩和分析优秀教师的教学活动。

（2）开展微格教学。

（3）进行专门训练。

（4）进行教学反思。教学反思是指教师以自己的教学活动为意识对象，对自己的教育理念、教学行为、决策以及由此所产生的结果进行认真的自我审视、评价、反馈、控制、调节、分析的过程。

美国教育心理学家波斯纳提出教师成长公式：经验 + 反思 = 成长。

温馨提示

福勒和布朗提出的教师成长阶段是重要知识点，也是历年常考点，常以单项选择题和简答题的形式进行考查，考生需理解掌握。

考点13　教师的心理健康及其维护★★【常考题型：单选】

（一）教师心理健康的标准

（1）能积极地悦纳自我，即真正了解、正确评价、乐于接受并喜欢自己。

（2）有良好的教育认知水平。能面对现实并积极地去适应环境与教育工作要求。

（3）热爱教师职业，积极地爱学生。

（4）具有稳定而积极的教育心境。

（5）能控制各种情绪与情感。

（6）和谐的教育人际关系。

（7）能适应和改造教育环境。

(8)具有教育独创性。

(二)教师常见的心理冲突

(1)负担过重,过分疲劳。

(2)现实与理想之间反差巨大。

(3)个人的需要、理想等主观需求与这些需求难以实现之间存在矛盾。

(4)自我认知出现偏差。新教师的自我认知偏差主要表现为两种类型:①自我扩张型;②自我否定型。

(三)影响教师心理健康的主要因素

(1)主观方面:教师的心理健康受其人格特征、心理素质等自身因素的制约。

(2)客观方面:①家庭、学校、社会环境的影响不容忽视,如教学工作量繁重而复杂,节奏紧张,教师不堪重负;②工资待遇和社会地位与劳动强度不成正比,挫伤积极性,使教师缺乏成就感和前途感;③学校组织中人际关系复杂;④家庭关系不和谐等。

(四)职业压力与职业倦怠

1. 职业压力

教师的职业压力主要是由工作引起的,是教师对来自教学情境的刺激产生的情绪反应。

职业压力的来源:①中心压力——较小的压力及日常的麻烦;②外围的压力——教师经历的重大生活事件或压力情节;③预期性压力——教师预先考虑到的令人不愉快的事件;④情境压力——教师现在的心境;⑤回顾压力——教师对自己过去的压力事件及相关经历进行的评价。

教师职业压力的应对。应对的策略包括以下两大类:直接行动法和缓解方法。

2. 职业倦怠

(1)概念

职业倦怠是个体在长期的职业压力下,缺乏应对资源和应对能力而产生的身心耗竭状态。教师的职业倦怠是在长期工作压力和自身心理素质的互动下形成的,并带来生理、情绪、认知和行为等方面的问题,导致教师出现严重的身心疾病。

(2)职业倦怠的特征

玛勒斯等人认为职业倦怠主要表现为三个方面:

①情绪耗竭,指个体情绪情感处于极度的疲劳状态,工作热情完全丧失;②去人性化,即刻意在自身和工作对象间保持距离,对工作对象和环境采取冷漠和忽视的态度;③个人成就感低,表现为消极地评价自己,贬低工作的意义和价值。

(3)职业倦怠的干预

合理的预防、积极的应对以减少和消除职业倦怠的方法主要有以下三点:①个体的自我干预;②组织有效的干预;③构建社会支持网络。

(4)教师心理健康的维护

教师心理健康的维护主要体现在学校、社会及教师自身三个方面。其中,学校和社会的关心与重视是维护教师心理健康的必要外部因素和前提条件,而教师自身积极、主动和科学的自我维护则是保障教师心理健康状态的内部动因和根本途径。

真题检测

真题 1　【2018 上半年】单项选择:江金当了一段时间教师后感到自己完全能够适应教学的基本要求,此时他把关注的焦点投向了如何提高学生成绩、教好每一堂课。按照福勒的教师成长阶段论,江金处于(　　)

A. 关注生存阶段　　B 关注学生阶段

C 关注情境阶段　　D. 关注自我阶段

真题 2　【2017 下半年】简答:简述班主任工作的基本内容。

真题 3　【2017 上半年】简答:简述班主任培养班集体的主要方法。

真题 4　【2017 上半年】单项选择:华老师认为课堂管理是教学的一部分,课堂管理本身可以教给学生一些行为准则,促使学生从他律走向自律,使学生逐步走向成熟。这主要说明了课堂管理具有哪一功能(　　)

A. 维持功能　　B. 导向功能　　C. 发展功能　　D. 调节功能

真题 5　【2017 上半年】单项选择:李老师经常自觉地对自己的讲课过程进行分析,进行全面深入的归纳和总结,以不断地改善自己的教学行为,提高自己的教学水平。李老师的做法基于下列哪种专业发展方式(　　)

A. 教学实践　　B. 教学研究

C. 自我发展　　D. 教学反思

真题 6　【2016 上半年】单项选择:中学生小华和几个同学为了参加全省航模大赛,组成了航模小组,他们为了在大赛中表现出色,达成了共识,牺牲各自的一些课余休息时间,放弃各自的一些爱好,以规范自己的参赛行为。这种情况下,小组成员遵循的纪律属于(　　)的纪律。

A. 教师促成　　B. 群体促成

C. 任务促成　　D. 自我促成

真题7 【2016上半年】**单项选择**:孟老师近期工作比较消极,漠视学生的存在,对学生态度麻木,缺乏应有的尊重。依据职业倦怠的特征,孟老师的这些表现属于( )

A. 情绪耗竭 B. 去人性化

C. 成就感低 D. 知识枯竭

真题8 【2015下半年】**单项选择**:董老师总是希望在课堂上尽可能地满足学生爱与被爱的需要,董老师的做法体现了哪种课堂管理模式的取向( )

A. 建构主义取向 B. 行为主义取向

C. 认知主义取向 D. 人本主义取向

真题9 【2015下半年】**单项选择**:初二(5)班学生在课堂上非常注意自己在老师心目中的形象,希望老师喜欢他们。该班学生的课堂纪律发展处于( )

A. 人际纪律阶段 B. 自我服务行为阶段

C. 自我约束阶段 D. 相互协同阶段

真题10 【2015下半年】**单项选择**:教师不仅掌握了所教学科的定理法则,而且还能分析学生的心理特点与教学策略的密切关系。这主要体现了教师的哪种教学能力( )

A. 教学监控能力 B. 教学操作能力

C. 教学认知能力 D. 教学反思能力

真题11 【2015上半年】**单项选择**:罗森塔尔效应说明,能对学生产生巨大影响的是( )

A. 教师的人格特点 B. 教师的教学水平

C. 教师对学生的期望 D. 教师的威信

真题12 【2014下半年】**单项选择**:晓玲和她的同学都非常喜欢自己的学校,在很多方面都能很好地与学校保持一致。这体现了群体的哪种功能( )

A. 归属功能 B. 支持功能

C. 认同功能 D. 塑造功能

参考答案及解析

1. C【解析】处于关注情境阶段的教师关心的是如何教好每一堂课的内容,以及班级大小、时间压力和备课材料是否充分等与教学情境有关的问题,如"内容是否充分得当""如何呈现教学信息""如何掌握教学时间"等。

2.【参考答案】班主任工作的基本内容包括以下几方面:(1)了解和研究学生;(2)有效地组织和培养班集体;(3)协调校内外各种教育力量;(4)学习指导、学习活动管理和生活指导、生活管理;(5)组织课外活动和指导课余生活;(6)建立学生档案;(7)操行评定;(8)班主任工作计划与总结;(9)个别教育工作;(10)班会活动的组织;(11)偶发事件的处理。

3.【参考答案】(参见第162页"班主任工作的内容与方法")

4. C【解析】课堂管理的发展功能是指,课堂管理本身可以教给学生一些行为准则,促进学生从他律走向自律,帮助学生获得自我管理能力,使学生逐步走向成熟。

5. D【解析】略。

6. C【解析】任务促成的纪律是指某一具体任务对学生行为提出的具体要求。

7. B【解析】略。

8. D【解析】人本主义取向的课堂管理者认为,学生有自己的决策能力,他们可以对控制自己的行为负主要责任。在课堂管理中,教师不应该要求学生百依百顺,而是应该关注学生的需要、情感和主动精神,向学生提供最好的机会去发掘归属感、成就感和积极的自我认同,以此来维持一种积极的课堂环境。

9. A【解析】处于人际纪律阶段的学生,其行为取向是要建立一种相互的人际关系,他们做出的行为往往与"我怎样才能取悦你"联系在一起,他们这样做是因为你要求他这样做;他们关心自己在别人心目中的形象,希望别人喜欢自己。

10. C【解析】教学认知能力是指教师对所教学科的定理法则和概念等的概括化程度,以及对所教学生的心理特点和自己所使用的教学策略的理解程度。题干的描述体现了教学认知能力的内涵。

11. C【解析】略。

12. C【解析】认同功能是学校群体能对个体的认知提供知识和信息,使各个成员对一些重大事件与原则问题同学校群体保持共同的认识和评价的功能。

第二阶段 整合提升

第17天

重点点拨

关键词	概念/特征/主要内容/分类
教育的本质属性	一种有目的地培养人的社会活动
教育的社会属性	永恒性、历史性、继承性、长期性、生产性、民族性和相对独立性
教育功能	个体发展功能和社会发展功能;正向功能与负向功能;显性功能和隐性功能
教育的起源	神话起源说、生物起源说、心理起源说(论)和劳动起源说
关于教育思想的文献	《论语》《孟子》《老子》《庄子》《大学》《学记》、柏拉图的《理想国》、亚里士多德的《政治学》、昆体良的《雄辩术原理》(《论演说家的教育》)、夸美纽斯的《大教学论》、洛克的《教育漫话》、卢梭的《爱弥儿》、裴斯泰洛齐的《林哈德与葛笃德》、赫尔巴特的《普通教育学》、福禄贝尔的《人的教育》、斯宾塞的《教育论》、乌申斯基的《人是教育的对象》和杜威的《民主主义与教育》等
教育与社会发展	教育的人口功能、经济功能、政治功能和文化功能
教育与人的发展	(1)个体身心发展的动因:内发论(遗传决定论)、外铄论(环境决定论)、辐合论(二因素论)和多因素相互作用论(共同作用论) (2)影响个体身心发展的主要因素:遗传、环境、教育(学校教育)和个体主观能动性 (3)个体身心发展的规律:顺序性、阶段性、不平衡性(不均衡性)、互补性、个别差异性和整体性
教育目的的理论	个人本位论和社会本位论

续表

关键词	概念/特征/主要内容/分类
旧中国的学制沿革	(1)壬寅学制——未实行;(2)癸卯学制——实行新学制的开端;(3)壬子癸丑学制——具有资本主义性质,规定了男女同校;(4)壬戌学制——以美国学制为蓝本,又称"六三三学制"
课程类型	学科课程与活动课程;分科课程与综合课程;必修课程与选修课程;国家课程、地方课程与校本课程;基础型课程、拓展型课程与研究型课程;显性课程与隐性课程
课程理论及主要流派	学生中心课程理论、学科中心课程理论和社会中心课程理论
三维课程目标	知识与技能;过程与方法;情感态度与价值观
教材的编排方式	螺旋排列式、直线排列式和过渡式排列方式
我国目前中学主要的教学原则	思想性(教育性)和科学性相统一原则;理论联系实际原则;直观性原则;启发性原则;循序渐进原则;巩固性原则;因材施教原则;量力性原则
常用的教学方法	(1)以语言传递为主的教学方法:讲授法、谈话法、讨论法和读书指导法 (2)以直观感知为主的教学方法:演示法和参观法 (3)以实际训练为主的教学方法:练习法、实验法、实习作业法和实践活动法 (4)以引导探究为主的教学方法:发现法
现代教学的基本组织形式	班级授课制
教师备课	备教材;备学生;备教法
教学评价的基本类型	诊断性评价、形成性评价和总结性评价;相对性评价、绝对性评价和个体内差异评价;内部评价和外部评价
感觉的相互作用	感觉适应、感觉对比、不同感觉的相互补偿和联觉等

续表

关键词	概念/特征/主要内容/分类
社会刻板印象	对一群人的特征或动机加以概括，把概括得出的群体的特征归属于团体中的每一个人，认为他们每个人都具有这种特征，而无视团体成员中的个体差异
晕轮效应（光环效应）	当我们认为某人具有某种特征时，就会对他的其他特征做相似判断
知觉的基本特性	知觉的选择性、知觉的理解性、知觉的整体性和知觉的恒常性
注意的分类	无意注意、有意注意和有意后注意
注意的品质	注意的广度、注意的稳定性、注意的分配和注意的转移
记忆系统	根据认知心理学对记忆的研究，记忆从信息的输入、存储和提取方式的不同，可以分为瞬时记忆、短时记忆和长时记忆
有意想象	再造想象和创造想象
解决问题的策略	算法和启发法
皮亚杰的认知发展阶段理论	感知运动阶段（0～2岁）、前运动阶段（2～7岁）、具体运算阶段（7～11岁）、形式运算阶段（11岁～成人）
奥苏伯尔理论学习动机分类	认知内驱力、自我提高内驱力和附属内驱力
学习动机理论	需要层次理论、成就动机理论、成败归因理论和自我效能感理论等
学习迁移的类型	正迁移和负迁移；顺向迁移和逆向迁移等
学习迁移理论	共同要素说和关系转换理论等
学习策略的分类	认知策略、元认知策略以及资源管理策略
技能	操作技能和心智技能
强化	正强化、负强化
泛化	机体对与条件刺激相似的刺激做出条件反应，属于刺激的泛化
奥苏伯尔的有意义学习	奥苏伯尔认为学校中的学习应该是有意义的接受学习和有意义的发现学习，但他更强调有意义的接受学习，因为有意义的接受学习可以在短时期内使学生获得大量的系统知识
个体心理发展的一般特征	连续性与阶段性；定向性与顺序性；不平衡性；差异性

续表

关键词	概念/特征/主要内容/分类
最近发展区	儿童在有指导的情况下，借助成人的帮助所能达到的解决问题的水平与独自解决问题所达到的水平之间的差异，实际上是两个邻近发展阶段间的过渡状态
情绪的分类	心境、激情和应激
能力	能力的结构（智力结构）
气质类型	多血质、胆汁质、黏液质抑郁质
性格特征	态度特征、理智特征、意志特征和情绪特征
场依存型认知风格	对客观事物的判断常以外部线索为依据，其态度和自我认知易受周围环境或背景（尤其是权威人士）的影响，往往不易独立地对事物做出判断，而是人云亦云，从他人处获得标准；行为常以社会为定向，社会敏感性强，爱好社交活动
场独立型认知风格	对客观事物的判断常以自己的内部线索（经验、价值观）为依据，不易受到周围环境因素的影响和干扰，倾向于对事物的独立判断；行为常是非社会定向的，社会敏感性差，不善于社交，关心抽象的概念和理论，喜欢独处
埃里克森的人格发展阶段理论	基本的信任感对基本的不信任感、自主感对羞耻感、主动感对内疚感、勤奋感对自卑感、自我同一性对角色混乱等八个阶段
心理健康	无心理疾病；一种积极发展的心理状态
改善学生认知的方法	认知疗法；来访者中心疗法；理性—情绪疗法
学生常见的心理健康问题及其干预	焦虑症、强迫症和网络成瘾等
我国中学主要的德育原则	导向性原则；疏导原则；因材施教原则；知行统一原则；集体教育和个别教育相结合原则；尊重信任学生与严格要求学生相结合的原则；正面教育与纪律约束相结合的原则；依靠积极因素，克服消极因素的原则（长善救失原则）；教育影响的一致性和连贯性原则

续表

关键词	概念/特征/主要内容/分类
常用的德育方法	说服教育法;榜样示范法;陶冶教育法;实际锻炼法;自我教育法(个人修养法);品德评价法;角色扮演法;合作学习法
皮亚杰道德发展阶段理论	自我中心阶段、权威阶段、可逆阶段、公正阶段
柯尔伯格品德发展阶段理论	(1)前习俗水平:服从与惩罚的道德定向阶段;相对功利的道德定向阶段 (2)习俗水平:好孩子的道德定向阶段;维护权威或秩序的道德定向阶段 (3)后习俗水平:社会契约的道德定向阶段;普遍原则的道德定向阶段
偶发事件处理的办法	沉着冷静面对;机智果断应对;公平民主处理;善于总结引导
主题班会的类型	体验型;讨论型;表演型;叙事型;综合型
福勒和布朗将教师成长的历程分为三个阶段	关注生存、关注情境和关注学生
波斯纳的教师成长阶段	经验+反思=成长
课堂管理功能	维持功能、促进功能和发展功能
课堂纪律的类型	教师促成的纪律、集体促成的纪律、任务促成的纪律和自我促成的纪律
教师的教学能力	教学认知能力、教学操作能力和教学监控能力

名家集萃

作者	代表作品	思想理论
—	《学记》	教学相长;尊师重道;藏息相辅;豫时孙摩;启发诱导;长善救失
孔子	《论语》	核心是"仁"和"礼"
柏拉图	《理想国》	国家主义教育思想
亚里士多德	《政治学》	在教育史上首次提出了"教育遵循自然"的观点
昆体良	《雄辩术原理》	班级授课制思想的萌芽
夸美纽斯	《大教学论》	(1)提出了"泛智"教育;(2)教育适应自然,不能违背自然规律;(3)提出并全面论述了班级授课制;(4)教学原则:夸美纽斯提出并论证了直观性、系统性、量力性、巩固性和自觉性等教学原则
卢梭	《爱弥儿》	(1)"性善论"者;(2)自然教育理论是卢梭教育思想的主体。他认为教育的任务应该使儿童"归于自然",这是其自然主义教育的核心
康德	《康德论教育》	(1)教育的根本就是要对人的本性进行适当的控制,"人是唯一需要教育的动物";(2)自由是道德教育的最高目的,必要的"管束"和"训导"是实现自由的必要保证;(3)最早在大学开设教育学讲座的有影响的学者之一
裴斯泰洛齐	《林哈德与葛笃德》	"教育心理学化"
洛克	《教育漫话》	(1)提出了"白板说";(2)绅士教育论
赫尔巴特	《普通教育学》	在西方教学史上,赫尔巴特第一次提出了"教育性教学"的概念
杜威	《民主主义与教育》	实用主义教育思想

续表

作者	代表作品	思想理论
拉伊	《实验教育学》	实验教育学
梅伊曼	《实验教育学纲要》	
狄尔泰	《关于普通妥当的教育学的可能》	文化教育学
斯普兰格	《教育与文化》	
杜威	《民主主义与教育》《经验与教育》	实用主义教育学
克伯屈	《设计教学法》	
凯洛夫	《教育学》	马克思主义教育学(社会主义教育学)
杨贤江	《新教育大纲》	
布鲁纳	《教育过程》	提出“结构教学论”
赞科夫	《教学与发展》	五条教学原则,即高难度、高速度、理论知识起指导作用、理解学习过程、使所有学生包括“差生”都得到一般发展的原则
皮亚杰	《教育科学与儿童心理学》	论述了智力发展的阶段,强调活动的动作教学方法
保罗·朗格朗	《终身教育引论》	被公认为是终身教育理论的代表作
苏霍姆林斯基	《给教师的一百条建议》《把整个心灵献给孩子》	和谐教育思想
施泰伦	《早期儿童心理学》	明确地提出儿童心理的发展是受环境和遗传共同影响的“合并原则”
斯宾塞	《教育论》	(1)《教育论》由题为《智育》《德育》《体育》《什么知识最有价值》四篇论文汇集而成;(2)教育的目的是为未来“完满生活”做准备;(3)斯宾塞主张运用实证研究法,强调实用学科的重要性
博比特	《课程》	标志着课程作为专门研究领域的诞生
冯特	《生理心理学原理》	被誉为“心理学独立的宣言书”

第 18 天

易错易混点

1. 壬寅学制与癸卯学制

壬寅学制与癸卯学制是易混点，考生可以根据二者具有的不同的地位进行区分。

壬寅学制——最早颁布。

癸卯学制——最早颁布并实施。

2. 欧洲奴隶社会的两种著名教育体系和西欧封建社会的两种著名教育体系。

欧洲奴隶社会的两种著名教育体系和西欧封建社会的两种著名教育体系是容易混淆的知识点，学生需准确分辨识记。

欧洲奴隶社会的两种著名教育体系——雅典教育（目的是培养政治家和商人）和斯巴达教育（目的是培养军人）。

西欧封建社会的两种著名教育体系——教会教育（目的是培养教士和僧侣）和骑士教育（目的是培养封建骑士）。

3. 赫尔巴特的“旧三中心”与杜威的“新三中心”

赫尔巴特的“旧三中心”与杜威的“新三中心”是容易混淆的知识点，考生需准确辨别识记二者的区别。

赫尔巴特的“旧三中心”——“课堂中心”“教材中心”“教师中心”。

杜威的“新三中心”——“儿童中心”“活动中心”“经验中心”。

4. 教育目的与培养目标的关系以及教学目标与教育目的、培养目标之间的关系

教育目的与培养目标的关系以及教学目标与教育目的、培养目标之间的关系是容易混淆的知识点，考生需准确辨别识记。

教育目的与培养目标的关系——普遍与特殊。

教学目标与教育目的、培养目标之间的关系——具体与抽象。

5. 教育性原则和发展性原则

教育性原则和发展性原则是考生在学习时容易混淆的知识点，考生在记忆的时候需要认真记忆，区分辨别。

教育性原则侧重对被试的保护。

发展性原则侧重心理的发展是动态的。

6. 注意的起伏、注意的分散和注意的分配

注意的起伏、注意的分散和注意的分配是考生容易混淆的知识点,考生在记忆的时候注意加以辨别区分。

注意的起伏强调周期性地不随意跳跃,起伏周期比较短。

注意的分散强调离开当前事物被无关事物吸引。

注意的分配强调有意识地指向不同对象。

7. 思维的灵活性与思维的敏捷性

思维的品质这部分内容常以选择题的形式考查,同时,思维的灵活性与思维的敏捷性是容易混淆的知识点,考生应准确辨别记忆。

思维的灵活性强调“不同角度”“不同方法”。

思维的敏捷性强调“迅速”而又“正确”。

8. 讲授法、谈话法及讨论法

讲授法、谈话法及讨论法是考试常考的知识点,同时也是考生在记忆时容易混淆的知识点,考生需要在理解的基础上根据他们之间的差异准确识记。

讲授法强调的是教师口头传授。

谈话法强调的是教师与学生相互交谈。

讨论法强调的是全体学生共同讨论交流。

9. 外部分组与内部分组

外部分组与内部分组是经常考查的知识点,也是考生容易混淆的知识点,考生应在辨别理解的基础上准确识记。

外部分组——不以年龄分班,按能力或成绩编班。

内部分组——先按年龄分班,再以能力或成绩在班内分组。

10. 上好课的基本要求与上好一节课的标准

上好课的基本要求与上好一节课的标准是考生容易混淆的知识点,学生应该在记忆的基础上加以辨别区分。

上好课的基本要求强调的主体是教师,即对教师在课堂上讲课的要求。

上好一节课的标准强调的主体是学生,即教师上课所要使学生达到的程度。

11. 瞬时记忆,短时记忆和长时记忆的编码形式

瞬时记忆,短时记忆和长时记忆的编码形式是重要知识点,也是考生容易混淆的知识点,考生需在辨别的基础上准确记忆。

瞬时记忆——图像记忆。

短时记忆——听觉编码。

长时记忆——意义编码。

12. 操作技能与心智技能

操作技能与心智技能是选择题常考的知识点，同时也是考生在学习时容易混淆的知识点，考生需要在深入理解的基础上加以辨别记忆。

操作技能——外显的肌肉、骨骼的操作活动。

心智技能——内隐的思维操作活动。

13. 诊断性评价、形成性评价和总结性评价

诊断性评价、形成性评价和总结性评价是考试中的重要知识点，也是考生容易混淆的知识点，考生需在理解的基础上准确辨别记忆。

诊断性评价——教学前的评价。

形成性评价——教学中的评价。

总结性评价——教学后的评价。

14. 相对性评价、绝对性评价和个体内差异评价

相对性评价、绝对性评价和个体内差异评价是考试中的重要知识点，也是考生容易混淆的知识点，考生需在理解的基础上准确辨别记忆。

相对性评价主要依据学生个人的学习成绩在该班学生成绩序列或常模中所处的位置来评价和决定他的成绩的优劣，而不考虑是否达到教学目标的要求。

绝对性评价是运用目标参照性测验对学生的学习成绩进行的评价。

个体内差异评价是对被评价者的过去和现在进行比较，或将评价对象的不同方面进行比较。

15. A—B 型人格结构理论

A 型人格的主要特点：性情急躁，缺乏耐性。他们的成就欲高、上进心强、有苦干精神、工作投入、做事认真负责、时间紧迫感强、富有竞争意识、外向、动作敏捷、说话快、生活常处于紧张状态，但办事匆忙、社会适应性差，属于不安定型人格。

B 型人格的特点是：性情不温不火，举止稳当，对工作和生活的满足感强，喜欢慢步调的生活节奏，在需要审慎思考和耐心的工作中，B 型人往往比 A 型人表现得更好。

第19天

辨析题常考点

1. 教育具有自身的发展规律，不受社会发展的制约。

(1)这种说法是不正确的。

(2)①教育具有自身的特点、规律与特有的社会功能，它一经产生、发展便将形成和强化其相对独立性；②我们不能把教育的相对独立性理解为绝对独立性，教育也受社会发展的制约。教育归根到底是由生产力的发展水平和政治、经济制度的性质决定的，受民族文化的发展状况与需求的制约，也就是说教育的社会制约性仍是其根本的特性。如果把教育的相对独立性当作绝对的独立性，就会使教育走向“超经济”“超政治”“超文化”的错误道路，丧失教育发展的社会基础和动力。

2. 政治经济制度决定着教育的性质，因此教育没有自己的相对独立性。

(1)这种说法是不正确的。

(2)政治经济制度对教育有制约作用，决定着教育的领导权、受教育者的权利，决定着教育目的。尽管政治经济制度对教育有着巨大的影响和制约作用，教育也具有自身的规律，有自己的相对独立性。这就意味着学校不可以忽视自己的办学规律，不能放弃学校教育任务而直接为政治经济服务，参加具体的政治运动，执行具体的政治任务。教育相对独立于政治经济制度。

3. 教学评价就是对学生学业成绩的评价。

(1)这种说法是不正确的。

(2)教学评价是指以教学目标为依据，通过一定的标准和手段，对教学活动及其结果进行价值上的判断，即对教学活动及其结果进行测量、分析和评定的过程。教学评价主要包括对学生学习结果的评价和对教师教学工作的评价，也可以划分为学生学业评价、课堂教学评价和教师评价。显然，学生学业评价是教学评价的一部分。

4. 知识越多，能力越强。

(1)这种说法是不正确的。

(2)知识是人脑对客观事物的特征与联系的反映,是客观事物的主观表征。能力是直接影响人的活动效率,促使活动顺利完成的个性心理特征。①能力是掌握知识与技能的前提;②能力是在掌握知识和技能的过程中形成和发展起来的,掌握系统的知识和技能有利于能力的增长和发挥;③能力与知识、技能具有不同的概括水平;④在一个人身上,知识和技能的发展是无止境的,它随着学习进程的不断增多而不断丰富,而能力的发展则有一定的限度;⑤知识、技能的掌握和能力的发展是不同步的。知识多了,能力并不一定就高。教师在教学中不仅要向学生传授知识,更要注重培养和发展学生的能力。

5. 心理定势对问题解决只有消极影响。

(1)这种说法是不正确的。

(2)心理定势是指重复先前的操作所引起的一种心理准备状态。在环境不变的条件下,定势使人能够应用已掌握的方法迅速解决问题,这时心理定势会对问题解决产生积极影响。而在情境发生变化时,它则会妨碍人采用新的方法,此时定势对问题解决产生消极影响。即心理定势对问题解决既有消极作用也有积极作用。

6. 根据柯尔伯格的观点,道德发展的阶段是固定的,相同年龄阶段的人都能达到同样的发

(1)这种说法是不正确的。

(2)柯尔伯格认为儿童道德判断和推理的发展是有阶段性的,他将道德判断分为三个水平,每一水平包含两个阶段。分别是:①前习俗水平分为服从与惩罚的道德定向阶段和相对功利的道德定向阶段;②习俗水平分为好孩子的道德定向阶段和维护权威或秩序的道德定向阶段;③后习俗水平分为社会契约的道德定向阶段和普遍原则的道德定向阶段。研究表明,大多数10岁以下儿童的道德推理处于第1、2阶段水平,10岁以后开始进入习俗水平;但仍有少数青少年以及青少年与成人罪犯停留在前习俗水平推理阶段;青少年和成人大都使用第3、4阶段的推理;只有大约35%的人在16~25岁之后达到后习俗道德水平。

7. 遗传素质具有可塑性。

(1)这种说法是正确的。

(2)遗传素质具有先天的相对稳定性,同时也有一定的可塑性。它会随着环境、教育的改变和人类实践活动的深入等作用而逐渐发生变化,遗传因素对人的影响在整个发展过程中总体上呈减弱趋势。

8. 德育过程是对学生知、情、意、行的培养提高过程,应以知为开端,知、情、意、行依次进行。

(1)这种说法是不正确的。

(2)德育过程一般以知为开端,以行为终结。但由于社会生活的复杂性,德育影响的多样性等因素,在德育具体实施过程中,又具有多种开端,可根据学生品德发展的具体情况,或从“导之以行”开始,或从“动之以情”开始,或从锻炼品德意志开始,最后达到使学生品德在知、情、意、行几方面和谐发展的目的。

9. 信息进入工作记忆就会持久保存。

(1)这种说法是不正确的。

(2)短时记忆是指人脑中的信息在1分钟之内加工与编码的记忆,是信息从感觉记忆到长时记忆的过渡阶段。短时记忆就其心理功能而言是操作性的,正是在这个意义上,有人把短时记忆称作工作记忆。短时记忆的保存时间很短,不超过1分钟。信息进入长时记忆才会长久保存。

10. 全面发展就是指学生德智体诸方面平均发展。

(1)这种说法是不正确的。

(2)全面发展不能理解为要求学生“样样都好”的平均发展,也不能理解为人人都要发展成为一样的人。全面发展的教育同“因材施教”“发挥学生的个性特长”并不是对立的、矛盾的。人的发展应是全面、和谐、具有鲜明个性的。在实际生活中,青少年德、智、体、美、劳诸方面的发展往往是不平衡的,有时需要针对某个带有倾向性的问题强调某一方面。学校教育也常会因某一时期任务的不同,在某一方面有所侧重。

11. 程序教学是合作学习的一种重要形式。

(1)这种说法是不正确的。

(2)程序教学属于个别化教学,它是斯金纳操作性条件作用学习理论运用于教学的典范。程序教学是指将各门学科知识按其中的内在逻辑联系分解为一系列的知识项目,这些知识项目之间前后衔接、逐渐加深,然后让学生逐个学习每一项知识,并及时给予强化,使学生最终掌握所学的知识。

12. 两种学习材料的相似度越高越容易产生正迁移。

(1)这种说法是不正确的。

(2)根据桑代克的相同要素说,两种学习材料或对象在客观上具有某些共同点是实现迁移的必要条件。两种材料之间存在的共同因素越多,越容易发生学习迁移。共同因素对学习迁移的影响可以从不同的角度来进行研究。现代心理学倾向于从学习对象的构成成分来分析。他们把学习对象的构成成分区分为结构成分和表面成分两大类。所谓结构成分是指学习任务中与最终所要达到的目标或结果有关的成分，而表面成分是指学习任务中与最终目标的获得无关的成分。如果两个任务具有共同的结构成分，则会产生正迁移；结构成分不同则不能促进正迁移，甚至会产生负迁移。但不管是表面的还是结构的相似性，都将增加学习者对两个任务的相似程度的知觉，而知觉的相似性决定迁移量的多少，两种情境的结构相似性则决定迁移的正或负。

13. 教育目的和培养目标是同一概念。

(1)这种说法是不正确的。

(2)国家的教育目的是由国家提出来的，其决策要经过一定的组织程序，一般体现在国家的教育文本和教育法令中。各级各类学校的培养目标居于第二个层次，它是根据国家的教育目的制定的某一级或某一类学校、某一专业对人才培养的具体要求，是国家教育目的在不同教育阶段、不同级别的学校、不同专业方向的具体化。国家的教育目的是指导各级各类学校制定其培养目标的主要依据，二者是普遍与特殊的关系。教育目的反映了培养人的方向性、共同性，培养目标体现了培养人的层次性和具体规定性；教育目的反映了一定社会历史时期培养人的共同要求，培养目标则体现了培养人的具体要求。

14. 强调学生的主体地位必然削弱教师的主导作用。

(1)这种说法是不正确的。

(2)教学活动是教师的教和学生的学组成的双边活动。在教学中，教师的教依赖于学生的学，学生的学离不开教师的教，教与学是辩证统一的。教师和学生的作用是不可分割的，发挥教师的主导作用并不意味着制约学生的主动性。相反，发挥教师的主导作用，就是要更好地发挥学生的主动精神。同样，发挥学生的主动性又离不开教师的主导作用。教师的主导作用和学生的主体作用是相互促进的，教师的主导作用要依赖于学生主体作用的发挥。学生学习的主动性、积极性越高，说明教师的主导作用发挥得越好。反过来，学生主体作用要依赖于教师的主导作用来实现。只有教师、学生两方面互相配合，才能收到最佳的教学效果。在教学过程中，既不能只重视教师的作用，忽略学生学习的主动性和创造性，又不能只强调学生的作用，使学生陷入盲目探索状态，学不到系统的知识，要把二者有机地结合起来。

15. 目前，我国普通高中不属于基础教育。

(1)这种说法是不正确的。

(2)基础教育是实施普通文化科学知识的教育，是提高民族素质的奠基工程，在教育中处于基础性地位，主要任务是为学生以后的进一步学习、生活和工作打下扎实的基础。我国的基础教育包括学前教育和普通中小学教育，普通高中属于这一范畴。

16. 有什么样的道德认识，就一定有什么样的道德行为。

(1)这种说法是不正确的。

(2)当个体对某一道德准则有了系统的认识，感到确实是这样时，就会形成有关的道德观念。当认识继续深入，达到坚信不疑的程度，并能指导自己的行动时，就形成了道德信念。道德信念对行为具有稳定的调节与支配作用，只有道德观念而无道德信念时，就会经常发生诸如明知故犯之类的错误行为，这时道德认识与道德行为表现为不一致。

17. 德育过程即品德形成过程。

(1)这种说法是不正确的。

(2)德育过程与思想品德形成过程是教育与发展的关系。德育过程是一种教育过程，它是教育者与受教育者双方统一活动的过程，是培养和发展受教育者品德的过程。而品德形成过程是受教育者思想道德结构不断完善的过程，品德形成过程属于人的发展过程，影响这一过程实现的因素包括生理的、社会的、主观的和实践的等多种因素。二者既有一定的联系，又有一定的区别，不能把二者等同起来。

18. 学习所引起行为或行为潜能的变化是短暂的。

(1)这种说法是不正确的。

(2)学习是个体在特定情境下由于练习和反复经验而产生的行为或行为潜能的相对持久的变化。因此，学习所引起行为或行为潜能的变化是相对持久的。

19. 德育就是培养学生道德品质的教育。

(1)这种说法是不正确的。

(2)广义的德育泛指所有有目的、有计划地对社会成员在政治、思想与道德等方面施加影响的活动，包括社会德育、社区德育、学校德育和家庭德育等方面。狭义的德育则专指学校德育，是指教育者按照一定社会或阶级的要求和受教育者品德形成发展的规律与需要，有目的、有计划、有系统地对受教育者施加思想、政治和道德等方面的影响，并通过受教育者积极的认识、体验与践行，以使其形成一定社会与阶级所需要的品德的教育活动，即教育者有目的地培养受教育者品德的活动。可见，德育不仅仅包括道德方面的内容，还包括政治、思想等方面的内容。

20. 直观教学既是手段，也是目的。

(1)这种说法是不正确的。

(2)直观教学是指运用直观手段进行教学的一种形式,直观手段有实物直观、模像直观和言语直观三种。运用直观教学的目的是能够更形象、具体地呈现给学生教学内容。直观是教学的一种手段而不是目的,过多的直观不仅会浪费教学时间,而且也会影响学生抽象思维能力的发展。

21. 注意的转移即注意的分散。

(1)这种说法是不正确的。

(2)注意的转移是根据新的任务,主动地把注意从一个对象转移到另一个对象或由一种活动转移到另一种活动的现象。注意的分散是指注意离开了当前应当完成的任务而被无关的事物所吸引。注意的转移和注意的分散是不同的,虽然都是注意对象的变换。但是,注意的转移是在实际需要时,有目的地把注意转向新的对象,使一种活动合理地被另一种活动所代替;而注意的分散是在需要注意稳定时,受无关刺激干扰,或由单调刺激所引起,使注意离开需要注意的对象。

22. 凡是能影响人的身心发展的活动都是教育。

(1)这种说法是不正确的。

(2)教育是一种有目的地培养人的社会活动,这是教育区别于其他事物现象的根本特征,是教育的本质属性,这也是教育的质的规定性。如果失去这一质的规定性,就不能称之为教育。例如,一个顽皮的孩子偶然把手指伸到火苗上,被灼伤,并由此获得火的有关知识的过程,不能算是受到了“教育”。这样没有明确目的的、偶然发生的外界对个体发展的影响就不能被称为“教育”。

第20天

简答题常考点

1. 我国新一轮基础教育课程改革的具体目标有哪些?

(1)实现课程功能的转变;(2)体现课程结构的均衡性、综合性和选择性;(3)密切课程内容与生活和时代的联系;(4)改善学生的学习方式;(5)建立与素质教育理念相一致的评价与考试制度;(6)实行三级课程管理制度。

2. 简述建构主义学习理论的知识观、学习观、学生观。

(1)建构主义知识观。建构主义在一定程度上对知识的客观性和确定性提出质疑,强调知识的动态性。(2)建构主义学习观。建构主义在学习观上强调学习的主动建构性、社会互动性和情境性三方面。(3)建构主义学生观。建构主义非常强调学习者本身已有的经验结构,认为学习者在学习新信息、解决新问题时往往可以基于相关的经验,依靠其认知能力形成对问题的解释。教学不能无视学生的已有经验,而是要把儿童现有的知识经验作为新知识的生长点,引导儿童从原有的知识经验中发展出新的知识经验。

3. 简述贯彻长善救失德育原则的基本要求。

(1)教育者要用一分为二的观点,全面分析,客观地评价学生的优点和不足;(2)教育者要有意识地创造条件,将学生思想中的消极因素转化为积极因素;(3)教育者要提高学生自我认识、自我评价的能力,启发他们自觉思考,克服缺点,发扬优点。

4. 简述自我效能感的含义及其作用。

(1)自我效能感由班杜拉首次提出,是指人们对自己是否能够成功地进行某一成就行为的主观推测和判断。班杜拉指出,人的行为受行为的结果因素与先行因素的影响。

(2)自我效能感的作用:①决定人们对活动的选择,以及对活动的坚持性;②影响人们在困难面前的态度;③自我效能感不仅影响新行为的习得,而且影响已习得行为的表现;④自我效能感还会影响活动时的情绪。

5. 为什么教育(学校教育)对人的发展起主导作用?

(1)学校教育是有目的、有计划、有组织地培养人的活动;(2)学校有专门负责教育工作的教师,相对而言效果较好;(3)学校教育能有效地控制和协调影响学生发展的各种因素。

6. 简述教育的文化功能。

(1)教育能够传承文化;(2)教育能够改造文化(选择和整理、提升文化);(3)教育能够传播、交流和融合文化;(4)教育能够更新和创造文化。

7. 教师备课的基本要求有哪些?

(1)教师备课要做好三方面的工作,即钻研教材、了解学生、设计教法,也即备教材、备学生、备教法;(2)写好三种计划,即学年(或学期)教学计划、课题(或单元)计划、课时计划(教案)。

8. 简述教师培养学生注意力的方法。

(1)要增强注意的稳定性,就要防止注意的分散;(2)要扩大注意的广度,需要学生积累本学科相当的知识经验和一定的素养;(3)注意的分配在教学中有实践意义,为了提高课堂效率,教师需要学生边听课边记笔记,有时需要学生一边动手操作,一边观察教师的演示;(4)注意的转移同人的先天的神经活动类型有关,但也可以通过对外在因素的控制和后天训练加以改善和提高。

9. 简述传授知识和发展智力之间的辩证关系。

现代教学观认为,教学过程既是向学生传授知识的过程,又是发展学生智力和能力的过程。

(1)传授知识与发展智力这两个教学任务统一在同一个教学活动之中,统一在同一个认识主体的认识活动之中;(2)知识是发展智力的基础;(3)发展智力是掌握知识的重要条件。

10. 一个国家学制建立的主要依据有哪些?

(1)生产力发展水平和科学技术发展状况;(2)社会政治经济制度,(3)青少年、儿童身心发展规律;(4)人口发展状况;(5)文化传统;(6)本国学制的历史发展和国外学制的影响。

11. 影响遗忘的主要因素有哪些?

(1)学习材料的性质;(2)系列位置效应;(3)识记材料的数量和学习程度;(4)记忆任务的长久性与重要性;(5)识记的方法;(6)时间因素;(7)情绪和动机。

12. 简述教科书编写的基本原则。

(1)科学性与思想性统一;(2)强调内容的基础性与适用性;(3)知识的内在逻辑与教学法要求的统一;(4)理论与实践统一;(5)教科书的编排形式要有利于学生的学习;(6)注意与其他学科的纵向和横向联系。

13. 简述贯彻教育影响的一致性和连贯性德育原则的基本要求。

(1)充分发挥教师集体的作用,统一学校内部的多种教育力量,使之成为一个分工合作的优化群体;(2)争取家长和社会的配合,主动协调好与家庭、社会教育的关系,逐步形成以学校为中心的“三位一体”的德育网络；(3)保持德育工作的经常性和制度化，处理好衔接工作，保证对学生影响的连续性、系统性，使学生的思想品德得以循序渐进地持续发展。

14. 简述教师教学工作的基本环节。

教师进行教学工作的基本环节有备课、上课、作业的布置与反馈、课外辅导和学业成绩的检查与评定。其中，上课是中心环节。

15. 简述德育过程的基本规律。

(1)德育过程是具有多种开端的对学生知、情、意、行的培养提高过程；(2)德育过程是组织学生的活动和交往，对学生多方面教育影响的过程；(3)德育过程是促使学生思想内部矛盾运动的过程；(4)德育过程是一个长期的、反复的、不断前进的过程。

16. 简述激发学生学习动机的基本方法。

(1)创设问题情境，激发兴趣，维持好奇心；(2)设置合适的目标；(3)控制作业难度，恰当控制动机水平；(4)表达明确的期望；(5)提供明确的、及时的、经常性的反馈；(6)合理运用外部奖赏；(7)有效地运用表扬；(8)对学生进行竞争教育，适当开展学习竞争。

17. 简述教师教学能力的结构。

(1)教学认知能力；(2)教学操作能力；(3)教学监控能力。

18. 如何有效地组织复习？

(1)复习时机要得当。①及时复习；②合理分配复习时间；③间隔复习；④循环复习。

(2)复习方法要合理。①分散复习与集中复习相结合；②复习方法多样化；③运用多种感官参与复习；④尝试回忆与反复识记相结合。

(3)复习次数要适宜。要掌握复习的量。①复习内容的数量要适当；②提倡适当的过度学习。

(4)重视对记忆品质的培养。

(5)注意用脑卫生。

19. 简述福勒等人提出的教师成长的三个阶段。

(1)关注生存阶段；(2)关注情境阶段；(3)关注学生阶段。

20. 简述学科中心课程理论的主要观点。

(1)学校教育的目的在于把人类千百年来积累下来的文化科学知识传递给下一代，而这些文化科学知识的精华就包含在学校设置的各门学科里。

(2)教师的任务是把各门学科的知识教给学生，学生的任务是掌握预先为他们准备好的各门学科的知识。

(3)学校课程应以学科的分类为基础，以学科教学为核心，以掌握学科的基本知识、基本规律和相应的技能为目标。

21. 简述科学性与思想性相统一教学原则的含义及贯彻这一原则的要求。

(1)思想性(教育性)和科学性相统一原则是指教学要以马克思主义为指导,授予学生科学知识,并结合知识教学对学生进行社会主义品德和正确人生观、科学世界观的教育。

(2)贯彻此原则的要求:①教师要保证教学的科学性;②教师要结合教学内容的特点进行思想品德教育;③教师要通过教学活动的各个环节对学生进行思想品德教育;④教师要不断提高自己的业务能力和思想水平。

22. 简述人格的特征。

(1)独特性;(2)稳定性;(3)整合性(统合性);(4)功能性;(5)社会性。

23. 简述品德的结构。

品德的心理结构包括四种相辅相成的基本心理成分:道德认知、道德情感、道德意志和道德行为,简称知、情、意、行。

(1)道德认知是指对于行为规范及其意义的认识,是人的认识过程在道德上的表现。

(2)道德情感是人的道德需要是否得到实现及其所引起的一种内心体验,也就是人在心理上所产生的对某种道德义务的爱憎、喜恶等情感体验。

(3)道德意志是个体自觉地调节道德行为,克服困难,以实现预定道德目标的心理过程。

(4)道德行为是道德形成的最终环节,是指个体在一定的道德意识支配下表现出来的对他人和社会的有道德意义的活动。

24. 简述建立教师威信的途径。

(1)培养自身良好的道德品质;(2)培养良好的认知能力和性格特征;(3)注重良好仪表、风度和行为习惯的养成;(4)给学生以良好的第一印象;(5)做学生的朋友与知己。

第 21 天

材料分析题常考点

(一)德育原则

我国中学主要的德育原则有:导向性原则;疏导原则;因材施教原则;知行统一原则;集体教育和个别教育相结合原则;尊重信任学生与严格要求学生相结合的原则;正面教育与纪律约束相结合的原则;依靠积极因素,克服消极因素的原则(长善救失原则);教育影响的一致性和连贯性原则。

材料:

周老师总是认真给学生写评语,把它作为教育学生的途径。他给班上一名淘气的学生写了一首打油诗:"小赵同学有头脑,就是不爱用正道;上课爱做小动作,插话接舌瞎胡闹;学习态度不大好,学习成绩不大妙;你若聪明应知道,有才不用是草包,劝你来期赶紧改,否则成绩更糟糕。"小赵阅后哈哈大笑,也回老师一打油诗:"老师写得好,老师写得妙;小赵一定改,决不当草包;不做小动作,头脑用正道;若是做不好,随你老师敲!"

小张迷恋电脑游戏,周老师用心良苦,巧妙地把他比喻为电脑,给他的评语是:"该主机硬盘超过 80G,内存 2G,运行绝大多数游戏非常流畅、反应灵敏;显卡强大,画面质量甚高;整体配置非常优良,但该机音效卡设定不良,常常该出声时没声音,要安静时却发出杂音;另屏幕保护时间设定过短,老师一分钟没动作,就进入休眠状态。修理修理,还是好用的。"后来,小张改掉了迷恋游戏的毛病,对电脑硬件也产生了兴趣。

小黄语文水平高,但有些浮躁,周老师给他写了如下评语:"汝生于书香门第,通达明理,开朗乐观。时有非常之事,亦曾处之泰然,好学善守。然汝时有蹉跎之意,散惰颇甚。若不熟读圣贤之书,以致学识浅薄,泯然众人,岂不哀哉,痛哉!"小黄阅后,心服口服,决心踏下心来,坚持勤奋读书。

问题:

(1)周老师给学生写的评语体现了哪些德育原则?

(2)请结合材料加以分析。

【答题思路】(1)材料中周老师给学生写的评语体现的德育原则有:因材施教原则,尊重信任学生与严格要求学生相结合原则,依靠积极因素、克服消极因素的原则以及疏导原则。

(2)①周老师的评语体现了因材施教原则。因材施教原则是指教育者在德育过程中,应根据学生的年龄特征、个性差异以及品德发展现状,采取不同的方法和措施,加强德育的针对性和实效性。周老师根据学生的兴趣爱好不同,为三个学生写出了独具个性的评语。

②周老师的评语体现了尊重信任学生与严格要求学生相结合的原则。在德育过程中,教育者既要尊重信任学生,又要对学生提出严格的要求,把严和爱有机地结合起来,使教育者的合理要求转化为学生的自觉行动。材料中周老师在尊重学生个性化的人生追求的同时,针对各自的情况提出了改进的意见和要求。

③周老师的评语体现了依靠积极因素、克服消极因素的原则。在德育工作中,教育者要善于依靠、发扬学生自身的积极因素,调动学生自我教育的积极性,克服消极因素,以达到长善救失的目的。周老师的评语中总是先肯定学生的优点,然后再指出不足,同时利用学生的个人爱好,引导学生发挥好自己的特长。

④周老师的评语体现了疏导原则。疏导原则是指进行德育时要循循善诱、以理服人,从提高学生认识入手,调动学生的主动性,使他们积极向上。疏导原则也就是循循善诱原则。周老师利用教师评语,用幽默的方式让学生看到自己的不足之处,提升了学生的认识水平,引导他们积极向上。

(二)认知风格

1. 场依存型与场独立型

(1)场依存型的学生对客观事物的判断常以外部线索为依据,其态度和自我认知易受周围环境或背景(尤其是权威人士)的影响,往往不易独立地对事物做出判断,而是人云亦云,从他人处获得标准;行为常以社会为定向,社会敏感性强,爱好社交活动。

(2)场独立型的学生对客观事物的判断常以自己的内部线索(经验、价值观)为依据,不易受到周围环境因素的影响和干扰,倾向于对事物的独立判断;行为常是非社会定向的,社会敏感性差,不善于社交,关心抽象的概念和理论,喜欢独处。

2. 冲动型与沉思型

(1)冲动型的学生在解决认知任务时,总是急于给出问题的答案,而不习惯对解决问题的各种可能性进行全面思考,有时问题还未弄清楚就开始解答。这种类型的学生认知问题的速度虽然很快,但错误率高,在运用低层次事实性信息的问题解决中占优势。

(2)沉思型的学生在解决认知任务时,总是谨慎、全面地检查各种假设,在确认没有问题的情况下才会给出答案。这种类型的学生解答认知问题的速度虽然慢,但错误率很低,在解决高层次问题时占优势。

3. 同时性与继时性

(1)继时性认知风格的学生在解决问题时,能一步一步地分析问题,每一个步骤只考虑一种假设或一种属性,提出的假设在时间上有明显的先后顺序,第一个假设成立后再检验第二个假设,解决问题的过程像链条一样,一环扣一环,直到找到问题的答案。

(2)同时性认知风格的学生在解决问题时,采取宽视野的方式,同时考虑多种假设,并兼顾到解决问题的各种可能性。其解决问题的方式是发散式的。

材料:

小明和小罗今年高三,是一对好朋友。两人在处理问题的认知风格方面有较大差异。小明在学习上遇到问题时,常常利用个人经验独立地对其进行判断,喜欢用概况的与逻辑的方式分析问题,很少受到同学与老师建议的影响。而小罗遇到问题时的表现则与小明相反,他更愿意倾听老师和同学的建议,并把他们的建议作为分析问题的依据。另外,小罗还善于察言观色,关注社会问题。

问题:

(1)结合材料分析小明和小岁的认知风格差异。

(2)假如你是他们的老师,如何根据认知风格差异展开教学?

【答题思路】(1)美国心理学家赫尔曼·威特金将认知方式(风格)分为两种:场依存型与场独立型。场依存型的学生对客观事物的判断常以外部线索为依据,其态度和自我认知易受周围环境或背景(尤其是权威人士)的影响,往往不易独立地对事物做出判断,而是人云亦云,从他人处获得标准;行为常以社会为定向,社会敏感性强,爱好社交活动。场独立型的学生对客观事物的判断常以自己的内部线索(经验、价值观)为依据,不易受到周围环境因素的影响和干扰,倾向于对事物的独立判断;行为常是非社会定向的,社会敏感性差,不善于社交,关心抽象的概念和理论,喜欢独处。

材料中,小明在学习上遇到问题时,常常利用个人经验独立地对其进行判断,喜欢用概况的与逻辑的方式分析问题,很少受到同学与老师建议的影响。这表明小明属于场独立型认知方式(风格)。小罗遇到问题时的表现则与小明相反,他更愿意倾听老师和同学的建议,并把他们的建议作为分析问题的依据。另外,小罗还善于察言观色,关注社会问题。这表明小罗属于场依存型认知方式(风格)。

(2)如果我是他们的老师,我会根据他们的实际情况因材施教:①创设适应学生认知差异的教学组织形式。②采用适应认知差异的教学方式,努力使教学方式个别化。掌握学习、个别指导教学法和个人化教学系统就是其中的三种教学方式。③运用适应认知差异的教学手段。

例如，根据小明和小罗的认知风格差异，我可以采用不同的教学方法或者组织多样化的教学活动，针对小罗这类认知风格的学生，可以采用强调“社会敏感性”的教学方法，而对小明这类认知风格的学生则相反。另外，当他们在学习中遇到问题时，采取不同的方式帮助他们。对小明进行积极正确的引导，鼓励他按照自己的经验，自己找到解决问题的方法。而小罗，更愿意倾听老师和同学的建议，我会对他进行耐心、细致的指导，提供更好的建议，但也会引导他积极表达自己的想法和建议，以此来培养他解决问题的能力。

(三)学生心理健康

考试焦虑是学生常见的心理健康问题，其表现及矫正方法有：

(1)考试焦虑的表现：随着考试临近，心情极度紧张。考试时注意力不集中，知觉范围变窄，思维刻板，出现慌乱，无法发挥正常水平。

(2)矫正方法：①采用肌肉放松、系统脱敏等方法；②采用认知矫正程序，指导学生在考试中使用正向的自我对话，如“我能应付这个考试”；③锻炼学生的性格，提高挫折应对能力；④往最好处做，不要计较最后结果；⑤考前要注意调节情绪。

材料：

一位高中女生接受心理辅导时的自述：进入高三以来，我就觉得自己被笼罩在一种紧张学习迎接高考的氛围中，时常感觉到心烦意乱，学习成绩也时好时坏，为此整天惴惴不安。我常常想到高考问题，感觉也与以前有所不同。心跳的剧烈程度比以前强很多，身体有种不舒服的燥热，思维不太受控制，注意力也难集中。我怕老师提问，老师一叫我回答问题，不论是能答上来还是答不上来，回答时总是语无伦次而且声音发颤。虽然经常被老师提问，却还是消除不了这种胆怯心理。考试之前，我会非常紧张，几天前就会睡不着觉连续失眠；考试时常因为太紧张而不能认真审题；并且考试时，感到心跳加速，头脑发胀，昏昏沉沉。结果考试成绩越来越差。老师，你说我能改变这种情况吗？

问题：请结合材料，说明中学生考试焦虑的主要表现、产生的原因和调节方法。

【答题思路】(1)考试焦虑是一种复杂的情绪现象，是在一定的应试情境下，受个体认知评价能力、人格倾向与其他身心因素制约，以担忧为基本特征，以防御或逃避为行为方式，通过一定程度的情绪反应所表现出来的心理状态。其表现是随着考试临近，心情极度紧张。考试时注意力不集中，知觉范围变窄，思维刻板，出现慌乱，无法发挥正常水平。

(2)产生的原因：①学校的统考，升学的、持久的、过度的压力；②家长对子女过高的期望；③学生个人过分地争强好胜；④学业上多次失败的体验等。

(3)调节方法：①采用肌肉放松、系统脱敏等方法；②采用认知矫正程序，指导学生在考试中使用正向的自我对话,如“我能应付这个考试”;③锻炼学生的性格,提高挫折应对能力;④往最好处做,不要计较最后结果;⑤考前要注意调节情绪。

(四)问题解决

1.解决问题的策略

(1)算法策略:将所有可能的针对问题解决的方法都一一列举出来并进行尝试,直到最终从根本上解决问题。

(2)启发法策略:基于一定的经验,根据现有问题状态与目标状态之间的内在联系,采用较少搜索而找到解决问题途径的一种策略。

启发法策略有:①手段—目的分析法:是指把所需达到的问题的目标状态分解为若干子目标,通过实现一系列的子目标而最终达到总目标;②爬山法:是采用一定的方法逐步降低初始状态和目标状态的距离,以达到问题解决的一种方法;③逆向搜索法:也叫目标递归策略,是指从目标状态出发,按照子目标组成的逻辑顺序逐级向初始状态递归。

2.影响问题解决的主要因素

(1)问题情境;(2)定势与功能固着;(3)原型启发;(4)已有知识经验;(5)情绪与动机。此外,个体的认知结构、个性特征以及问题的特点等也会影响问题的解决。

材料:

研究者设计了一个“两绳问题”的实验,在一个房间的天花板上悬挂两根相距较远的绳子。被试者无法同时抓住,这个房间里有一把椅子、一盒火柴、一把螺丝刀和一把钳子。要求被试者把两根绳子系住。问题解决的方法是:把钳子作为重物系在一根绳子上,从而把两根绳子系起来。结果发现只有39%的被试者能在10分钟内解决这个问题,大多数被试者认为钳子只有剪短铁丝的功能,没有意识到还可以把它当作重物来用。

问题:

(1)上述实验主要说明了哪种因素影响问题的解决?该实验结果对教学工作有何启示?

(2)请指出问题解决还受到哪些因素的影响。

【答题思路】(1)①人们把某种功能赋予某物体的倾向称为功能固着。实验中,大多数被试者认为钳子只有剪短铁丝的功能,没有意识到还可以把它当作重物使用,这主要说明了功能固着对问题解决的影响;②在功能固着的影响下,人们不易摆脱事物用途的固有观念,从而直接影响问题解决的灵活性。因此,在教学工作中,教师应该培养学生的创造性思维,训练学生思维的变通性。教师在培养学生创造性思维的过程中应着重在创设思维氛围、激发思维兴趣、培养直觉思维、训练发散思维以及发展逆向思维等方面。

(2)问题解决还受到以下因素的影响:①问题情境;②定势;③原型启发;④已有知识经验;⑤情绪与动机。此外,个体的认知结构、个性特征以及问题的特点等也会影响问题解决。

(五)教学方法

常用的教学方法有:

(1)以语言传递为主的教学方法:讲授法、谈话法、讨论法和读书指导法。

(2)以直观感知为主的教学方法:演示法和参观法。

(3)以实际训练为主的教学方法:练习法、实验法、实习作业法和实践活动法。

(4)以引导探究为主的教学方法:发现法。

材料:

张老师正在给学生上体育课。本节课的教学目标是让学生掌握立定跳远的动作要领,但经过几次讲解示范后,还有一半的同学没有掌握。就在张老师再次给学生示范时,不知谁一声尖叫:"青蛙!"整齐的队伍顿时乱了起来,大多数同学拥上前去围观。张老师一看,只见一个男孩趴在地上用手戳一只大青蛙。青蛙一蹦一跳逗得同学们哈哈大笑。这不是班上的调皮鬼李和吗?张老师的火气正要发作,但转念一想,青蛙的跳跃蹬地不是和立定跳远的蹬地动作一样吗?这时,张老师顺势引导学生——

"同学们,谁能说说青蛙后腿是怎样起跳的?"

同学们睁大眼睛,都在认真地观察。

"青蛙起跳前双腿是弯曲的。"王强第一个兴奋地喊道。

"很好,观察得真仔细。"张老师及时加以鼓励。

"它起跳时后腿非常用力。"李梅补充道。

"非常好,大家再仔细观察一下青蛙起跳时是哪部分用力的?"张老师又问。

"是前脚掌用力,而且它的身体全部展开了。"李和大声地回答。

"太好了!同学们,立定跳远的起跳和青蛙起跳其实是一个道理,起跳时两脚左右分开,脚跟稍提,屈膝半蹲,上体稍前倾,头稍抬,前后自然摆臂,双脚轻落地。大家想不想模仿青蛙跳跃的动作试一试呀?"

"想!"同学们齐答道。

同学们模仿着青蛙跳跃的动作,使劲地练了起来。由于他们领会了要领,很快就掌握了立定跳远的动作技能。

问题:

(1)材料中张老师使用了什么教学方法?

(2)联系材料阐述教学中学生主体地位是如何体现的?

【答题思路】(1)材料中的张老师使用了演示法、谈话法、练习法等教学方法。

(2)教学过程的基本规律强调教师的主导作用与学生的主体性相统一的规律。①教师在教学过程中处于组织者的地位,应充分发挥教师的主导作用;②学生在教学过程中处于学习主体的地位,应充分发挥学生的主体能动性;③建立友爱、合作、平等、民主的师生关系。

(六)德育方法

常用的德育方法有:说服教育法、榜样示范法、陶冶教育法、实际锻炼法、自我教育法(个人修养法)、品德评价法、角色扮演法、合作学习法。

材料:

张林是一个对上网非常痴迷的孩子,爸爸由于工作的需要买了一台电脑。起初他同爸爸一起玩,父母也没有表示反对。后来,他发展到每天早上一起床就去上网。连中午、晚上的休息时间也不放过。俨然成了一个名副其实的"网虫",沉溺于互联网上紧张、刺激的游戏,精美的图片和无拘无束的网上聊天而无法自拔。

老师了解这一情况后,并没有全盘否定张林的上网行为,而是与他聊起了互联网,聊起了比尔·盖茨。充分肯定了他通过上网学习电脑技术的积极性,并通过交流进一步了解了张林上网的内心世界。针对他的情况,老师采取了一系列的措施:第一,鼓励他多参加集体活动,加强与同学的交流。例如,让他担任小组长,在每天收发作业、检查作业、劳动值日的协调合作中,建立互帮互助的关系。第二,针对他喜欢电脑的特点,成立了计算机兴趣小组,并让他担任组长,有计划、有落实,定期给其他同学讲解网络知识。第三,利用各种机会表扬他,与他沟通,缩短师生之间的距离。慢慢地,张林对自己有了信心,在各个方面都有明显的进步,学习上认真听讲,积极思考,大胆发言,提出自己的见解;在班级工作中积极为老师出谋划策,有活抢着干。任课老师都反映张林像变了个人似的,精神面貌焕然一新。

问题:试以德育方法的相关理论评析这位老师的做法。

【答题思路】材料中这位老师的做法主要体现了实际锻炼法的德育方法。该法是有目的地组织学生参加各种实际活动,使其在活动中锻炼思想,增长才干,培养优良的思想和行为习惯的德育方法。材料中老师鼓励张林参加集体活动,并让他担任计算机兴趣小组组长,帮助张林在实践活动中获得了发展。